대학에서의 회복적 정의

학생의 비행에 대한 피해 회복과 신뢰 재구축

데이비드 R. 카프 ● 마릴린 아머 지음

손진 옮김

정의와 평화 실천 시리즈

대학에서의 회복적 정의
-학생의 비행에 대한 피해 회복과 신뢰 재구축

지은이	데이비드 R. 카프, 마릴린 아머
옮긴이	손 진
초판	2020년 1월 20일

펴낸이	배용하
책임편집	배용하
등록	제364-2008-000013호
펴낸곳	도서출판 대장간
	www.daejanggan.org
등록한곳	충남 논산시 매죽헌로 1176번길 8-54, 101호
대표전화	전화 041-742-1424 전송 0303-0959-1424

분류	회복적정의 | 대학 | 갈등해결
ISBN	978-89-7071-506-3 93330
CIP제어번호	CIP2020001562

값 8,000원

차례

옮긴이 글

세상을 경악케 하는 사건이 터지면, 언론은 사건을 피해자의 참혹한 이미지를 대대적으로 보도하고 사람들은 자신이 피해자인 것처럼 온라인 여론재판을 감행하고, 정치인들은 발빠르게 움직여 형량을 강화하거나 새로운 범죄를 만들어내는 형법을 찍어내며, 그 대가로 시민들의 표를 받는다. 피해자의 이름으로 피해자를 보호하기 위하여 형법을 만들지만, 정작 피해자는 설자리가 없다. 처벌을 한다고 해서 일시적 보복감은 충족될지 몰라도, 사람들 사이에 패인 골이 메워지거나 피해자 상처 혹은 가해자의 죄책감이 없어지지 않는다.

많은 경우에 피해자가 원하는 것은 '잘못을 인정하고 진심으로 사과하는 것'이다. 그것이 되지 않을 때 엄벌을 요구한다. 사실 엄벌요구 말고는 할 수 있는 게 별로 없다. 이처럼 법률만능주의, 특히 형법만능주의가 팽배하게 된 것은 우리 시대가 갈등을 해결할 능력을 잃어버렸기 때문이다. 엄벌에 처할 범죄로 다루어 지기 전에 최소한 사과와 용서 그리고 화해로 해결하려는 노력은 해봐야 한다. 사과란 나의 도덕성이 당신의 도덕성과 같다는 인정이고, 그 인정이 이루어질 때 마음이 녹고 용서가 가능해진다. 어쩌다가 잘 못을 저질렀을 때, 사과하고 화해할 기회조차 주지 않는 곳에 살고 싶은 사람은 별로 없을 것이다. 학교와 대학에서 시행착오를 통해 배우며 성장하는 학생들에게 무엇보다 필요한 것이 사과와 용서의 도덕성, 잘못을 바로잡을 기회, 화해의 미학일 것이다. 이처럼 잃어 버린 갈등해결능력을 되찾으려는 노력, 그것이 회복적 정의가 우리 시대에 던지는 중요한 메시지다.

   역자인 내가 회복적 정의에 깊은 관심을 기울이는 이유는 한편으로 하워드 제어 교수의 『우리시대의 회복적 정의』^{하워드 제어 지음, 손진 옮김, 대장간 2019}가 전해준 전율 때문이기도 하거니와 다른 한편으로 역자에게 정의에 대한 관점을 심어 둔 두 분의 선배 학자들 덕분이다. 나에게 닥친 부정의를 바로잡기 위해 당신의 직과 명예를 걸어 주신 중앙대 황선웅 교수님과 후학에게 정의의 의미를 깊게 새기게 해 준 한양대 임양택 명예교수님이다. 옳고 그름에 대한 공정한 판단도 없이 일방의 주장을 근거로 사회적 제명처분을 앞세우는 우리 시대에 끝까지 사람에 대한 믿음을 저버리지 않는 태도와

학자로서 끝가지 지켜야 할 양심도 이분들께 배웠다. 이 자리를 빌어 다시 한번 깊은 감사 드린다. 나의 은사이자 이 분야 학문을 이끌어 가시는 성균관대 김성돈 교수님과 언제나 무한한 믿음을 주시는 조보행 선배와 제해문 선배께 감사드린다. 좋은 책을 만들기 위해 노고를 아끼지 않으신 대장간 편집부에게도 감사드린다. 다른 누구보다도 나를 완전하게 해주는 나의 아내 태미와 하나님의 선물 겸, 감, 강군에게 감사드린다.

부산 광안리에서 손진

추천의 글

대학을 위한 회복적 절차를 개발하는데 많은 분들이 도움을 주셨다. 특히 듀크 피셔Duke Fisher, 소누 테더네이Sonoo Thadenay, 데브 어크스Deb Eerkes, 크리스 로차아보Chris Loschiavo, 조쉬 베이컨Josh Bacon, 매트 그레고리Matt Gregory, 릭 셰퍼Rick Shafer, 낸시 셰칭Nancy Schertzing, 폴 오신컵Paul Osincup, 스테이시 밴더 벨드Stacy Vander Velde, 케빈 모워스Kevin Mowers, 저스틴 달링Justine Darling, 케이시 색스Casey Sacks의 리더십과 창의성 및 조언에 감사드린다.

또한 날카로운 편집자의 눈으로 문장을 다듬어 준 조 피셔Jo Fisher에게 감사드린다. 정의와 평화 리틀북Little Books of Justice & Peacebuilding 시리즈 편집자이신 하워드 제어Howard Zehr 교수께도 이 프로젝트를 후원해주신 점뿐만 아니라 지구상에 회복적 정의가라는 말을 전파하는데 힘써주신 점 감사드린다.

1.서론: Spirit Horse 이야기

말도둑질은 대학생이 일반적으로 일으키는 문제가 아니다. 그러나 스키드모어 대학은 상류층 순종 경마장으로 알려진 뉴욕 북부 소도시 사라토가 스프링스에 있는 학교다. 여름철이 되면 도시의 인구는 세 배로 늘어나고, 시내는 맨하탄의 그리니치 빌리지 만큼 북적거리고 생기가 넘친다.

몇 년 전, 사라토가 카운티 미술위원회는 지역 예술가가 창작한 실물크기의 유리섬유로 만든 말로 마을을 장식하는 프로젝트를 시작하였다. 그 중에 Spirit Horse라는 말이 있었는데, 이 말은 골동품 상점의 대형 유리를 통과하는 형태로 되어 있었다. 이 작품의 뒷부분 절반은 유리 안쪽 상점 내에 설치되고 앞부분은 인도 쪽으로 장엄하게 서 있었다. 두 눈은 초록색으로 밤에는 불이 들어와서 유령 같은 신비로움을 더 하였다.[1]

어느 늦은 밤, 스키드모어 대학 학생이 근처 술집에서 귀가하다가, Spirit Horse를 가지기로 마음 먹었다. 인도 쪽으로 나와 있던

---

[1] 이 사례연구는 2011.12.11. *Student Affairs eNews* 참조

> 회복적 정의는 피해자, 가해자 및 가해자의 **책임**을 묻고자 하는 사람들이 참여하는 협력적 의사결정과정이다. 여기서 **책임**이란 가해자가 (a) 범죄에 대한 책임을 승인하거나 인정하고, (b) 피해자와 공동체가 받은 피해를 능력이 닿는 최대한도로 배상하며, (c) 긍정적인 사회적 결속 구축을 통해 재범의 위험성을 줄이도록 노력할 책임을 뜻한다.

앞부분을 뗄 수 있었지만, 그곳이 대로변이라 택시 운전자나 행인들이 쉽게 볼 수 있었다. 자기집 2층 계단으로 그 무거운 것을 옮기느라 땀을 뻘뻘 흘리며 숨을 헐떡이는 동안 경찰이 도착했다.

이 사건은 다른 범죄들에 비하면 경미한 사건이었다. 하지만, 대학 관계자들은 "스키드모어 대학생, 장식용 말 훔쳐 기소돼"라는 1면 머릿기사가 달갑지는 않았을 것이고, 사람들이 학생들을 이기적이고, 지나친 특권을 누리는 성가신 존재로 생각하게 될 것이 걱정스러웠을 것이다.

나는 이 사건의 회복적 정의 조정자로서 학생, 예술가, 말을 산 골동품 상점 주인, 미술위원회 위원장 등 핵심 이해관계인이 참여하는 회복적 정의 대화를 진행할 수 있었다. 이 절차는 형사사건3급

중절도 및 절도 장비-렌치와 플라이어- 소지죄로 기소되었다[2] 으로 처리되기 전에 대학 징계사안으로 다루어졌다.

대화는 가해자와 각 피해자의 스토리텔링으로 시작된다. 예술위원회 위원장은 학생이 과거에 고향 예술위원회를 위해 일한 적이 있었다는 사실 등에 놀라움을 표시했다. 후회와 황당한 마음을 감추지 못한 학생은 프로젝트가 너무 멋있어서 기념품을 하나 갖고 싶은 마음에 말장식을 훔치게 되었다고 하였으며, 이내 자기 행동이 예술을 후원하는 좋은 방법이 아니라는 점을 인정하였다.

예술가의 이야기를 들을 때는 학생은 놀랄 수밖에 없었다. 예술가는 사건 다음날 아침에 소식을 듣고 시내에 가서 피해를 살펴볼 당시 이야기를 하였다. 절도로 속이 상한 것은 물론이지만, 진짜로 속상했던 것은 빛나는 눈에서 떨어진 전선이 인도에 그대로 노출되어 있었다는 점이었다. 곧 길거리는 어린아이들과 애완견들로 가득 찰텐데, 만약에 자기가 가서 치우지 않았다면 어떻게 됐겠느냐며, 학생에게 그런 생각을 해 본 적이 있는지 물었다.

회복적 절차의 스토리텔링은 범죄로 야기된 피해를 탐색하기 위한 것이다. 이 사건의 경우, 재산피해뿐만 아니라, 전선으로 인한

---

2) 역주: 뉴욕주 형법(§155)는 피해액수를 기준으로 범죄의 급을 정하는데, $1,000 미만은 절도로 class A misdemeanor, $1,000이상은 4급 절도로 class E felony, $3,000 이상은 3급절도로 class D felony, $50,000이상은 2급 절도로 class C felony, $1,000,000 이상은 1급 절도로 class B felony로 다룬다

위험이 있었고, 공개 전시된 예술품 훼손에 대한 공동체 전반의 실망과 분노, 대학의 명예실추 등이 있었다.

피해가 열거되고 나면, 참가자들은 피해를 복구하고 공동체 신뢰를 회복할 수 있는 해결책을 찾는다. 이 사건 대화모임에서는 모든 사람들의 우려를 해소하는 합의가 이루어졌고, 학생이 다음과 같은 책임을 지기로 했다:

◆ 말장식물을 복구 및 재설치하는데 드는 비용을 예술가에게 변상

◆ 상점 주인에게 말 조각상 후원비용 및 말을 전시하지 못하는 기간에 대한 손해배상.

◆ 사라토가 카운티 예술위원회에서 공동체봉사활동.

◆ 전시기간 동안 수리된 "Spirit Horse" 일일 검사 및 청소. 대학 밖으로 이사하는 학생들에게 책임있는 이웃의 의미에 대한 편지 쓰기 (스키드모어 학생 주택 가이드에 게재).

◆ 알코올 중독 평가 수행.

◆ 대학에서 알코올 없는 사회적 행사 조직.

스키드모어 대학에서 이루어진 합의에 감동한 사라토가 지방검사는 이 사건을 "기소유예"로 처분하였다. 이것은 학생이 유죄를

인정하지만, 회복적 합의를 준수하고 6개월간 더 이상의 문제를 일으키지 않으면 그 죄를 비밀로 하고 영구적 범죄기록을 남기지 않는다는 것이다.

이 책에 대하여

Spirit Horse 사건의 조정자 역할을 맡았을 때, 나는 회복적 정의^{회복적 정의}가 무엇인지, 전세계의 형사사법에 어떻게 적용되고 있는지 연구하는 조교수였다. 우리는 이 사건에 회복적 정의 원칙을 적용하기로 하였고, 학생과 피해자, 그리고 넓은 공동체가 얻을 수 있는 이점을 발견할 수 있었다. 또한 개인적으로, 학문적 관심을 왜 실제 사례에 적용해야 하는지 이유를 배울 수 있었다.

그 후 10여년간, 나는 연구, 강의, 조정자 훈련 및 절차, 프로그램 시행 등을 통하여 회복적 정의를 대학에서 활용하는 방안을 계속 연구하였고, 학생생활 담당자로서 회복적 정의의 개념과 절차에 깊은 관심을 가지게 되었다. 또한 대학 학생처^{학생생활과 윤리, 징계를 주관:이하 학생처} 담당자들이 느끼는 현실적 압력 - 많아진 업무량 관리, 공정한 일처리, 학교 책임 최소화, 대학 공동체 보호, 전보율이 높은 부서의 사기 진작, 학생들의 장래에 큰 문제를 일으키지 않으면서 실수로부터 배울 수 있도록 돕는 것 - 등을 고려할 때, 회복적 정의가 어떤 효과가 있는지 경험해 왔다.

이 책은 각급의 대학들이 회복적 정의 절차를 채택하는 것을 진지하게 고려하는데 도움을 주기위해 쓴 것으로서, 회복적 정의의 원칙에 대한 개요, 효과에 대한 증거, 시행상 주의사항 등을 제공한다. 대규모 공립대학에서부터 소규모 사립 단과대학에 이르기까지 이미 회복적 정의를 활용하고 있는 다양한 대학의 사례를 수집·활용하였다.

나는 대학 회복적 정의 훈련을 여러 번 진행하면서 훈련매뉴얼로 활용될 수 있으면서도 대학 의사결정자들에게 회복적 정의를 소개할 수 있는 짧은 가이드의 필요성을 느껴왔다. 회복적 정의를 가르치는 분들은 문제가 생겼을 때 어떻게 처리할 수 있는지를 학생들에게 소개하는 보충자료로 사용할 수 있을 것이다.

현재, 많은 사람들이 고등교육에 대해 교육비가 너무 비싸고, 학생들이 충분히 배움을 얻지 못하며, 직장에서 원하는 훈련을 제대로 받지 못하고 있다는 문제점을 지적하고 있다. 교육기관들도 비용절감과 직업훈련 확대 경쟁으로 대학 공동체를 육성하는 것을 망각하고 있는 현실에서, 미국 원주민 회복적 정의 실무자 에이더 페코스 멜턴Ada Pecos Melton은 "회복적 정의의 원리란 깨어진 개인적 및 공동체적 관계를 회복시키는 과정"임을 알려주고 있다.[3]

---

3) Melton, Ada Pecos. "Indigenous Justice Systems and Tribal Society," in *Judicature* 79 (1995): 126-133

학생의 비행에 대응하는 방식은 우리가 갈망하는 공동체의 모습을 상징한다. 형사사법 관계자들이 범죄문제의 해결을 회피할 수 없는 것처럼, 대학 징계위원회도 학생의 생활문제 해결을 멈출 수 없다. 회복적 정의는 가해학생을 위한 교육이면서 피해당사자 및 교육기관의 요구를 충족하는 새로운 접근방법을 제시한다.

2. 회복적 정의의 원리

Spirit Horse 사례는 회복적 정의의 중심이 되는 4대 원리를 조명하고 있다.

참여적 의사결정
회복적 정의는 가장 신경을 많이 쓰는 사람들- 가해자 및 피해당사자-의 손에 의사결정을 맡긴다. 회복적 정의 실무자는 지지와 조정을 제공한다.

능동적 책임
회복적 정의는 능동적 책임을 장려한다. 가해자는 책임을 인정하여야 하고, 잘못을 벌충하여야 하며, 가만히 앉아서 판결과 제재를 받을 수 없다.

피해 배상
회복적 정의는 가해자를 끌어내리는 것이 아니라 피해당사자를 끌어올리는 배상과 치유에 초점을 둔다.

신뢰 재구축
회복적 정의는 가해자가 다시 신뢰를 얻을 수 있고, 피해 당사자가 안전하다고 느낄 수 있도록 관계를 재구축한다.

참여적 의사결정

가해자에게 자신이 입힌 피해에 대해 어떻게 배상할 수 있는지 이야기하게 한다. 또한 피해자와 관련 공동체가 피해의 내용과 그에 따른 요구를 설명하게 함으로써 제재합의에서 중심적 역할을 하도록 모두의 참여를 끌어내야 한다. 이러한 참여적 의사결정이 회복적 정의의 첫번째 핵심원리다.

피해당사자와 가해자는 조정자 대화를 진행하지만 스스로 아이디어나 솔루션을 제시하지 않는다와 함께 원형으로 둘러 앉아 다른 대학 징계절차 및 사법절차의 일반적인 의사결정 과정에서와는 다른 새로운 역할을 하게 된다.

예를 들어, 이들이 형사법원에서 하는 역할을 생각해보자. 피고인이 앉아 있지만, 변호사들이 피고인을 대신하여 발언한다. 피해자가 역시 방청석 이외에는 따로 앉을 곳이 없다. 증인의 경우에는 방청석에도 앉지 못한다.

법정에서 가장 부자연스러운 역할은 자기의 운명을 결정짓기 위해 재판 내내 사용되는 전문용어도 제대로 이해하지 못하며 자기 재판에서 졸기까지 하는 피고인이다. 그러나 회복적 절차에서, 가해자 학생, 예술가, 상점 주인 및 예술위원회 위원장은 방청객으로 주변화되지 않고, 의사결정 드라마의 주연이 된다.

대학의 표준적인 징계절차는 대체로 가해자 중심적이다. 대개 1

인의 징계위원이 학생과 만나 사건을 논의하고, 현장에서 제재 내용을 결정한다. 간혹 징계위원회가 가해자와 고발인의 진술을 듣는 경우도 있는데, 이때는 당사자들을 대기실로 내보내고 제재 내용을 비밀리에 심의한다. 이런 절차에서 가해자와 피해당사자들은 목소리를 내기 어렵다.

예술가, 상점주인, 예술위원회 위원장은 대학 공동체의 구성원이 아니기 때문에, Spirit Horse 사건에 참여하거나 결과를 청취할 수 있는 가능성이 별로 없다. 그들은 사건에 대한 학교의 우려를 알지도 못했을 것이고, 범죄학생에 대해 지역 신문에서 그려진 부정적 편견을 깰만한 어떤 것도 듣지 못했을 것이며, 사건으로 인한 각자의 서로다른 충격과 그로 인한 요구 및 우려를 이야기하지도 못했을 것이다.

능동적 책임

둘째, 회복적 정의는 능동적 책임에 초점을 맞춘다. 가해자들은 자기의 위법행위에 대해 능동적인 책임을 져야 한다. 일반적 형사사법이나 대학 징계절차에서는 가해자들이 정서적 거리를 둘 수 있어서 상당히 수동적 태도를 취하는 경우가 많다.

아마 야구모자로 눈을 가리게 깊숙이 눌러 쓴 채 팔짱을 끼고 의자에 등을 기대어 앉아 있는 모습이 전형적인 모습일 것이다. "나는 여기 없어. 당신들은 나를 건드릴 수 없지."라고 말하는 자세다. 책임을 인정했더라도, "예, 제가 그랬습니다. 그런데 그럴 생각은 없었어요. 여기서 빠져나가려면 무엇을 어떻게 해야 하는지나 말해주세요."라고 하는 경우가 많을 것이다.

스토리텔링 과정은 이러한 수동적인 입장에 대한 직접적 도전이다. 현실의 경험과 감정을 공유하고 가해자의 눈을 보며, 당신의 편견을 벗어나서 당신이 한 행동의 결과를 공동체가 어떻게 받아들이는지 보라고 하는 예술가, 상점주인, 예술위원회 위원장의 시선을 무시하기는 어려울 것이다.

회복적 정의 조정자는 가해자에게 "이제 피해를 확인했는데, 이것을 바로잡기 위해 무엇을 할 수 있나요?" 라고 묻는다. 이 질문은 가해자의 능동적 참여가 얼마나 중요한지를 보여주는 것이다. 첫 번째 답이 "잘 모르겠습니다" 또는 "말씀만 하세요"라 하더라도, 조정자의 역할은 아이디어를 조사 · 유도함으로써 계속적으로 참

내가 '노력으로 얻은 구원(earned redemption)' 이라고 하는 이 절차는 가해자가 다시금 공동체의 신뢰를 얻기 위해 자기가 피해를 준 사람들의 피해를 변상할 수 있도록 해주는 제재방법을 요구한다."[1]
– 고던 베이즈모어(Gordon Bazemore)–〈애틀랜틱 대학교 형사사법학과 교수〉

---

1) Bazemore, Gordon. "Restorative Justice and Earned Redemption," in *American Behavioral Scientist* 41 (1998):768-813.

여를 이끌어 내는 것이다.

이 과정을 통해 가해자는 제재^{자기의 생각이 포함되고 스스로 지킬 것을 약}속^한에 대한 주인의식을 갖게 된다. 이렇게 되면, 제재의 준수 가능성이 높아질 뿐만 아니라, 가해자가 강제적·자의적 제재라고 반발할 가능성도 낮아진다.

피해 배상

회복적 정의의 세 번째 핵심원리는 피해 회복 중심성이다. 회복적 정의를 지도하는 질문은 "피해자와 공동체를 어떻게 회복할 수 있는가?" 이다. 이에 반해 전통적 또는 응보적 정의는 "가해자를 어떻게 처벌하여야 하는가?"라는 질문이 중심에 놓인다.

어떤 면에서 두 질문은 저울을 들고 있는 정의의 여신의 상징성과 대응된다고 할 수 있다. 범죄는 저울의 균형을 깨뜨리고, 정의의 여신은 그 저울의 균형을 바로 잡으려고 하기 때문이다. 그러나, 양자의 의도는 상당히 다르다. 전자는 회복을 위해 피해자를 중심에 놓지만, 후자는 처벌을 위해 가해자를 중심에 놓는다. 응보적 정의는 학생이 Spirit Horse와 공동체에게 입힌 피해에 상응하여 학생이 무엇을 해야 하는지를 알고 싶어하지만, 회복적 정의는 잘못을 바로잡기 위해 학생에게 무엇을 물어야 하는지를 알고 싶어한다

가해자가 잘못을 바로잡는 것도 궁극적으로는 어렵거나 불쾌할 수 있다. 하지만 이런 고통은 목표가 아니며 가급적 회피하여야 한다. 목표는 피해를 회복하고 공동체의 참살이wellbeing를 되돌리기 위해서 해야 하는 일을 하는 것이다.

학생은 Spirit Horse의 복원과 관리에 어떻게 기여해야 하는가? 예술위원회를 어떻게 지원해야 하는가? 대학 바깥에 거주하는 학생과 이웃의 관계를 어떻게 개선할 수 있는가? 다른 학생들이 음주와 음주사고를 피할 수 있도록 어떻게 장려할 수 있는가? 이런 질문들 때문에 원상회복, 공동체봉사, 학생주택가이드 개정, 알코올 없는 사회적 행사 조직 등에 대한 합의가 이루어진 것이다.

신뢰 재구축

회복적 정의의 마지막 핵심원리는 피해 변상을 넘어 **신뢰 재구축**이다. 범죄행위 때문에 당연히 가해자에 대한 불신이 생기고, 공

---

4) Braithwaite, John and Declan Roche. "Responsibility and Restorative Justice," in Restorative Community Justice: Repairing Harm and Transforming Communities, edited by Gordon Bazemore and Mara Schiff (Cincinnati, OH: Anderson, 2001), 63–84

동체는 가해자를 포용하는데 망설이게 된다. 가장 단순하고도 유혹적인 대응은 공동체로부터 제명하는 것, 즉 징역 및 퇴학일 것이다.

회복적 정의는 신뢰가 깨어진 사람 사이의 관계를 재구축하려고 한다. 그것이 "애정어린" 해법이어서가 아니라, 공동체와 피해자의 안녕을 위해 필요하기 때문이다. 가해자가 공동체의 신뢰를 손상시켰으므로, 그것을 원래대로 되돌려 놓는 것이 그의 의무가 된다. 신뢰는 빨리 되찾을 수 없는 것이므로 대화와 상호 이해를 조성하는 대화모임이 필요하고, 공동체의 신뢰를 재구축할 수 있는 명확한 임무와 평가기준이 필요하다.

사라토가의 경우, 피해당사자들은 말을 훔친 행동 자체를 걱정했지만, 특히 학생의 음주문제에 대해 우려를 표했다. 학생은 자기에 대한 신뢰를 회복하기 위해 알코올중독평가에 참여하고, 그 권고사항을 따르기로 하였다.

Spirit Horse 사례에서 예술위원회 위원장이 학생에게 위원회에 와서 봉사활동을 할 것을 권유하는 대목은 특히 주목할 만하다. 정학 절차 대신 이루어진 대화모임을 통해서 위원장은 학생의 여러가지 인성을 볼 수 있었던 것이다. 그 인성은 어떤 면에서는 흠이었만 어떤 면에서는 장점도 있었다. 위원장은 이런 총체적 인식에 근거하여 가해 학생이 대중예술 프로젝트에 크게 기여를 하면서 피해를 회복하고 공동체와 긍정적인 관계를 구축할 수 있을 것으로 보았다.

이 같은 회복적 정의의 4대 원리에 따라 징계제재를 결정하는 것은 학생에게 자기의 잘못에 대해 능동적이고 생산적으로 책임지는 방법을 가르치기 때문에 학생의 발전에 도움이 된다. 대부분의 대학이 학생들에게 명확한 학생생활윤리규정을 정하고 있지만, 처벌에 대한 철학을 명확히 하는 곳은 별로 없다. 다음 장에서 우리는 회복적 원리가 대학 학생생활리규정에 어떻게 통합될 수 있는지 살펴본다.

3. 모범 학생생활규정에서 회복적 정의

캘리포니아대학의 산타바바라 캠퍼스이하 UCSB에서 학생들 몇 명이 기숙사에서 흥청망청 술을 마시며 다리 털을 태우고 있었다.[5] 그 중 한 명인 "스티브Steve"의 실수로 의자 팔걸이에 불이 붙었고, 부랴부랴 발로 밟아 끄는 와중에 다른 가구 몇 점을 부수고 말았다. 피해액은 500달러가 넘는 것으로 추산되었고, 스티브는 중손괴죄뿐만 아니라 학교 징계심의에 부쳐지게 되었다.

모범 학생생활규정

스티브에 대해서 잘 알지 못하더라도 이 행위에 상응하는 제재를 생각해 내기는 어렵지 않다. 예컨대, 스티브를 근신에 처하거나, 원상회복을 하도록 하고, 기숙사에서 퇴출시키는 방법이 가능할 것

---

5) Akchurin, Roane, Joyce Ester, Pricilla Mori, and Amy Van Meter. "Conferencing Case Study: The Lounge, Leg Hair, and Learning," in *Restorative Justice on the College Campus: Promoting Student Growth and Responsibility, and Reawakening the Spirit of Campus Community*, edited by David R. Karp and Thom Aliena (Springfield, IL: Charles C Thomas, 2004), 70-76

이다. 대부분의 학생처는 그레이 페이블러[6] 나 에드워드 스토너와 존 로워리[7] 등 이 분야 전문가들이 만든 모범학생생활규정에 기초하여 징계 정책을 마련한다. 이 모범학생생활규정은 경고, 근신, 특권 박탈, 벌금, 원상회복, 기숙사 출입금지, 정학, 퇴학 등 전형적인 제재 목록을 열거하고 있다.

이런 제재가 일반적으로 활용되고 있지만, 그 바탕에 깔려 있는 철학을 생각해 보는 경우는 거의 없다. 주목할 점은 이 제재 구조가 '점증적으로 퇴출' 구조라는 점이다. 행위의 심각성이 클수록, 학생을 학교에서 더 멀리 떼어놓는 전략이다. 대학 공동체를 추가적인 피해나 위험으로부터 보호한다는 목표 하에서는 충분히 이해되는 전략이기는 하지만, 대부분의 학생처는 학생들이 실수에서 배울 수 있도록 돕는다는 목표도 함께 가지고 있다. 사실, 고등교육표준개선이사회Council for the Advancement of Standards in Higher Education는 "고등교육의 학생 생활프로그램은 학생의 배움과 계발을 그 임무에 포함시켜 전체적 교육경험을 향상시켜야 한다"[8]고 하고 있다.

---

6) Pavela, Gary. "Limiting the 'Pursuit of Perfect Justice' on Campus: A Proposed Code of Student Conduct," in *The Journal of College and University Law 6* (1979–1980): 137□160.

7) Stoner, Edward N. and John W. Lowery. "Navigating Past the 'Spirit of Insubordination': A Twenty-First Century Model Student Conduct Code with a Model Hearing Script," in *Journal of College and University Law* 31 (2004): 1–77

8) Dean, Laura A. *CAS Professional Standards for Higher Education*, 7th edition (Washington, D.C.: Council for the Advancement of Standards in Higher Education, 2009), 359.

> "학생생활담당관은 학생을 제적할 새롭고 효율적인 방법을 찾으라고 두는 것이 아니다. 간혹 퇴학이 필요할 수도 있지만, 우리의 주된 역할은 징계의 대상이 되는 행위를 저지른 학생들이 잘못을 바로잡고 학업을 마칠 수 있도록 도와주는 것이다. 이러한 목표를 달성하기 위해서는 창의적인 교육 전략을 받아들일 준비가 되어야 한다."[9]
>
> 게리 파벨라, 청렴 아카데미 책임자, 시라쿠스 대학교

교육으로서 학생생활 심의 절차[10]

학생생활 심의절차에서 배움은 두 가지 형태로 나타난다. 첫째, 스티브는 자기의 행동으로 공동체에게 피해를 주었기 때문에 도덕적으로 잘못되었다는 것을 배울 수 있다. 둘째, 공동체의 구성원이 된다는 것은 사회계약을 의미하고, 이를 지키지 않으면 대가를 치러야 한다는 것을 배울 수 있다. 전자는 어떤 행동의 잘잘못을 고려하는 도덕적 행위를 전제하는 것으로 스티브가 양심의 가책을 느낀다고 본다. 후자는 그가 위험과 보상, 비용과 효과를 계산하는 합리적 행위자임을 전제한다. 생활심의절차는 양자를 모두 다룰 수 있지만, 교육과정에서는 항상 도덕적 대화에서 시작되어야 한다.

교육과정은 항상 도덕적 대화로 시작되어야 한다.

---

9) Pavela, Gary. *Law and Policy Report* 334, Association for Student Conduct Administration, October 1, 2009.

10) Conduct process는 징계절차이다. 그러나 징계는 징벌적 계도여서 회복적 가치를 표현하기 어렵다. 따라서 이 책에서는 '학생생활심의절차'로 옮긴다.

피해에 대한 논의는 자기의 행위가 타인에 미치는 영향을 중심으로 하기 때문에 본질적으로 도덕적 대화다. 그래서 다른 사람에게 신경을 쓰지 않는 사람을 도덕관념이 없다고 한다. 가해자들이 이기적으로 자신에게만 신경쓰는 등 시야가 좁은 것은 흔한 일이다. 회복적 절차는 피해에 관심을 기울이도록 요구함으로써 공감과 양심을 불러일으키며 관심의 대상을 달리하도록 해준다. 대개의 가해자들은 "피해를 이해하고" 후회하며 잘못을 바로잡는 것으로 책임을 지려고 한다.

이런 결과는 가해자가 다른 사람들과 같은 도덕적 기준을 가지고 있고, 그것을 단지 상기시켜주기만 하면 된다는 확신을 주기 때문에 생활심의사건에서는 이상적인 결과다. 스티브는 회복적 정의 대화모임에 참여하여 자기 행위가 일손이 부족한 관리팀에게 어떤 영향을 미쳤는지, 과거에 자기를 도와주었던 기숙사 관리자들의 신뢰를 어떻게 배신했는지, 음주와 졸업 문제로 어머니에게 어떤 실망과 걱정을 끼쳤는지를 배울 수 있었다.

회복적 접근의 한계

불행한 것은 회복적 절차가 항상 효과적인 것이 아니며, 다른 접근방법을 대체하려는 것이 아니라, 다른 절차가 필요없을 수도 있다는 기대로 선행되는 것이라는 점이다. 가해자 중에는 자기 자신

에게 지나치게 매몰된 나머지 자
기 행동이 타인에게 미치는 영향

**도덕적 기반이 없으면,
비행은 재발한다.**

을 전혀 신경쓰지 않는 사람들이 있다. 이런 경우에는 양심에 호소
할 수 없기 때문에 합리성에 호소해야 한다. "당신이 이런 규칙과
타인에게 끼치는 영향에 신경을 쓰지 않는다 하더라도 그 행동의
대가는 받아들여야 한다."

여기서는 예방이 무엇보다 중요한 철학이다. 합리적 가해자는 체
포되어 처벌받는 고통을 원하지 않기 때문에 앞으로 있을 범죄행위
를 예방할 수 있다는 것이다. 이런 유형은 위험과 비용을 분석하고,
타인에 대한 가해행위가 그것 때문에 감수해야 하는 불편보다 가
치가 없다고 판단하게 된다. 예방에 기반한 제재가 효과적일 수는
있지만, 그 결과는 도덕적 참여를 배양하지 않기 때문에 회복적 제
재만큼 이상적이지는 않다. 도덕적 기반이 없으면, 계산이 달라짐
에 따라 다시 못된 짓을 할 수 있기 때문이다.

가해자가 도덕적이지도 합리적이지도 않다면, 문제는 더 어려워
진다. 이런 가해자들은 도덕적 호소나 합리적 불이익을 개의치 않
는다. 다행히, 그런 사람이 많지는 않다. 이런 그룹에 대해서는 장
래의 범죄를 강제로 멈추는 무력화로 대응해야 한다. 대학 공동체
에서 일시적 또는 영구적으로 퇴출하는 정학이나 퇴학이 여기에 해
당될 것이다.

제재 피라미드

보통 제재유형이 다른 제재유형은 서로 경쟁하는 것으로 이해되지만, 제재피라미드[11]를 보면 이들이 보완적일 수 있음을 알 수 있다. 즉 첫 번째는 도덕적 대화에, 두 번째는 적절한 불이익을 형성하는데, 세 번째는 최후수단으로 사용될 수 있다.

이 피라미드는 내면적 사회통제 또는 자기규제를 배양하는 제재방법부터 시작할 것을 권장한다. 우리는 학생들이 양심에 따라 자기의 행위가 자신과 타인에게 미치는 장기적 결과를 고려할 수 있기를 바란다. 또한 회복적 접근방법이 핵심적인 이해당사자에게

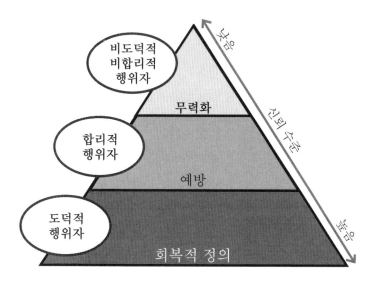

11) Braithwaite, John. *Restorative Justice and Responsive Regulation* (New York: Oxford University Press, 2002)

의사결정을 통제할 수 있는 힘을 가장 많이 주기 때문에 회복적 대응에서 시작하게 된다. 피해자들은 결과에 대해 자기 의견을 낼 수 있고, 가해자들은 의사결정에 참여하기 때문에 그 결정에 대해 주인의식을 가질 가능성이 높아진다.

스티브의 회복적 정의 대화모임에서 나온 제재를 생각해보자. 우선은 스티브에게 가구 피해를 변상하고, 관리팀에서 자원 봉사를 하라고 요구하였다. 또한 스티브의 음주문제를 고려하여 알콜중독자모임에 30회 참가하기로 합의하였을 뿐 아니라, 기

가해자들은 의사결정에 참여하게 될 때, 그 결정에 대해 주인의식을 가질 가능성이 높다.

숙사 관리자들의 깨어진 신뢰를 회복하기 위해 바닥청소를 하기로 했다. 이와 같은 대응은 스티브를 대학 공동체로부터 멀어지도록 하는 것이 아니라, 긍정적 관계와 강력한 멘토링 기회를 구축함으로써 공동체와의 결속을 강화하는 것이다.

제재 피라미드는 회복적 정의와 모범 학생생활규정의 관계를 보충적인 것으로 표시하고 있지만, 양자를 명확하게 구별하는 것도 중요하다.12) 무엇보다, 모범 학생생활규정에 따른 전통적인 심리

---

12) For an extended analysis of differences between a restorative justice conference and a model code hearing, see David R. Karp, "Reading the Scripts: The Restorative Justice Conference and the Student Conduct Hearing Board," in *Reframing Campus Conflict: Student Conduct Process through a Social Justice Lens*, edited by Jennifer Meyer Schräge and Nancy Geist Giacomini (Sterling, VA: Stylus Publishers, 2009), 155-174

절차는 피소된 학생이 **책임을 부인할 때** 가장 효과적으로 사용될 수 있다. 모범 학생생활규정의 심리절차는 형사법원과 같이 심리위원들이 서로 대립하는 쌍방의 증거 제시·반박 과정을 들으면서 예의, 존중, 공정성을 유지할 수 있도록 세심하게 구성된 것이다. 제소자, 피제소자, 증인 및 자문인은 각자 정해진 역할이 있고, 피소된 학생이 학생생활규정을 위반했는지 여부를 결정하는 것이 주된 목적이며, 심리위원들이 비밀리에 숙의하는 과정을 거친다. 일반적으로 몇 개 되지 않는 것 중에서 선택되는 제재는 대학 공동체의 구성원 자격을 점증적으로 제한하는 형태를 띤다.

회복적 정의는 피소된 학생이 잘못을 인정했다는 것을 전제한다. 이 때문에 잘못을 바로잡기 위해서 무슨 일을 할 수 있는가라는 미래에 초점을 맞출 수 있게 되고 과정에 들이는 공이 줄어든다. 따라서 참가자에게 집중할 수 있고, 진정한 대화를 이끌어 낼 수 있다. 당사자가 서로에 대해 더 깊게 이해하도록 하고, 범죄 때문에 생긴 피해를 인정하며, 가능한 한 피해를 회복하고, 학생과 다른 사람 및 교육기관의 관계를 강화하는 것이 목표가 된다.

모범 학생생활규정에서도 일반적으로 "재량적 제재" 또는 "기타 제재"를 두고 있기 때문에 회복적 제재를 사용할 수 있다. 물론, 교육기관이 회복적 옵션을 일반적 용어에 감추어 두지 않고 따로 명시할 수 있도록 학생생활규정을 개정하는 것도 가능하다. 학생

회복적 정의 절차	모범규정 심리
조정에 가까움	형사법원에 가까움
사람 중심 • 사회적 지지에 초점	절차 중심 • 권위/적법성에 초점
피해 확인	규정 위반 확인
참여 권장 • 비밀 숙의 없음	참여 제한 • 비밀 숙의, 역할 제한
피해자 중심/균형	가해자 중심
구성원 자격 강화 • 신뢰구축 제재	구성원자격 제한 • 행동/특권 제한

생활규정은 제재를 정하는 것 이외에도 징계절차를 정할 수 있는데, 다음 장에서는 그 예로 사용될 수 있는 3개의 회복적 절차를 개관한다. 이들은 회복적 정의 원칙을 공유하고 있지만, 각각 회복적 정의의 목표를 달성하는 절차와 방법에는 차이가 있다.

4. 대학에서의 회복적 정의 3대 모델

회복적 정의는 독특한 역사를 가진 절차로서 상호 간의 차용과 혼합을 통해 진화하는 전세계적 운동이다. 그 절차는 현대 형사사법시스템, 종교 공동체, 학계, 캐나다에서 뉴질랜드에 이르는 원주민 사법시스템 등에서 출발하였다. 회복적 정의의 선구자인 데니스 말로니Dennis Maloney에 의하면 "회복적 정의는 새로운 시대를 맞은 오래된 아이디어"13) 라고 한다.

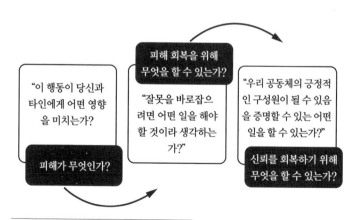

---

13) Maloney, Dennis. Tributary Streams of a Healing River: *An In Depth Study of Restorative Justice, 10 DVD Collection* (Heartspeak Productions, 2007), available at http://www.heartspeakproductions.ca/tributary-streams-of-a-healing.

대학들이 회복적 정의를 탐색하기 시작하면서, 다양한 전통과 절차에서 실천방법을 활용하고 있다. 그러나 일상 절차의 핵심은 신뢰재구축이라는 목표를 중심으로 피해와 그 회복방법을 확인할 수 있게 가해자와 피해당사자 사이의 대화를 촉진한다는 점이다.

여러가지 회복적 정의 절차가 공통적인 목표를 가지고 있지만, 대학에 서 시행되고 있는 절차들은 대화모임conferences, 서클circles 및 위원회boards 세가지 유형이 있다.

회복적 정의 대화모임

이 모델은 가해자와 피해당사자 사이의 대화에 초점을 맞춘다. 또한 이들을 편안하게 해주거나 공개적으로 솔직하게 이야기해 줄 수 있는 지지자들이 참여한다. 당사자들은 피해를 논의한 후, 심리 담당관 또는 징계위원회 대신 가해자가 피해를 회복하기 위해서 해야 할 조치를 결정한다. 이 대화 과정은 훈련된 조정자가 진행한다.

"대화모임은 생활담당관실로 회부된 학생들이 자기 행위의 충격을 받은 사람을 직접 만나서, 책임을 지고, 잘못을 바로잡으며, 관계를 구축하고, 대학 공동체의 지지를 통해 긍정적인 구성원으로 발전할 수 있는 기회가 된다." [14]

저스틴 달링(Justine Darling)-회복적 정의 코디네이터, 샌디에고 대학교

---

14) Jelinek, Libby. "Program to Revamp Student Justice," in *The Vista*, October 13, 2011,.

학생수 8천명의 카톨릭 대학교인 샌디에고대학교USD의 경우, 회복적 정의 대화모임이 학생처와 조앤 크록 평화학대학 Joan B. Kroc School of Peace Studies의 협력하여 시작되었다. 회복적 정의 대화모임은 훈련된 조정자가 대화의 흐름을 가이드하는 대본을 이용하여 진행한다.제12장 참조 대화모임을 진행하기에 앞서, 조정자는 관련자들을 만나 프로그램을 설명하고, 사건의 상세한 내용을 파악한다.

미시건주립대학MSU도 샌디에고대학교와 마찬가지로 회복적 대화모임을 이용한다. MSU에서는 학생생활부가 생활사건을 다루는데, "헨리Henry"가 자기 물건을 가지러 강의실에 들어가서 기말고사를 방해하고, 나가라는 요구에 난동을 부렸다는 민원을 접수했다. 심리담당관이 헨리를 만나 생활심리절차를 설명하고, 회복적 정의 절차로 회부하기에 적절한 사건인지 여부를 평가하였다. 심리담당관은 헨리가 잘못을 시인하는 것을 보고, 생활심리절차를 진행하기 전에 중간단계로 회복적 정의 절차를 진행해보자고 제의하였다. 여기서 만족스러운 결과가 얻어지면, 생활심리절차가 필요없게 된다고 하였다. 심리담당관은 헨리의 동의 하에 사건을 회복적 정의 조정팀에게 회부한다.

회복적 정의 조정자가 회부를 받으면, 그 다음 단계로 누가 회복적 정의 대화모임에 참가할 것인지를 결정한다. 이 사건의 경우, 피해자는 기말고사를 치르던 학생들, 헨리에게 강의실에서 나가라고 한 시험 감독관, 그리고 해당 교과목의 교수 등이 포함되었다. 사전 면담 과정에서 시험 감독관이 참석하고 싶어하기는 하나 예정된 날에 다른 인턴 업무 때문에 참석할 수 없음을 알게 된 조정자는 감독관을 배제하는 방법, 감독관에게 영향 진술서를 작성하도록 해서 대화모임에서 대독하는 방법, 일정을 조정하는 방법, 전화나 화상통화로 참여하도록 하는 방법 중에 어느 한가지를 선택할 수밖에 없게 되었다. 감독관과 조정자는 논의 끝에 전화회의를 이용하기로 결정했다.

헨리는 대화모임에서 자기 행동에 대한 책임을 인정하고 뉘우치고 있다고 했다. 피해자들은 헨리의 행동 때문에 어떤 영향을 받았는지 정확하게 알려줄 수 있었다. 예컨대, 여러 학생이 헨리의 난동으로 제시간에 시험을 끝내지 못했다고 했고, 제시간에 끝낸 한 학생도 집중하기가 어려워서 원래 실력을 발휘할 수 없었다고 했다. 그 후, 교수가 학생들에게 재시험을 칠 수 있도록 했는데, 이 때문에 학생과 학과에서 하지 않아도 되는 일이 생겼다고 했다.

피해자들이 이야기를 마치자, 참가자들은 헨리가 그날 기말고사를 치고 있던 학생들에게 사과편지를 쓰고 비밀유지 문제로 헨리의 이름은 익명처리 했다, 학과사무실에서 그 편지를 학생들에게 배포하기로 했다. 이것은 학과가 해당 학생에게 책임을 지도록 어떤 조치를 취했음을 보여주는 중요한 방법이라고 여겨졌다. 또한 학과는 사과편지를 받고 나면, 민원을 철회해서 생활심리가 열리지 않도록 하기로 합의했다.

대화모임 후 얼마지 않아, 헨리가 사과편지 초안을 조정자에게 제출하러 왔고, 조정자는 이것을 기회로 지도와 심적 지지를 제공하고, 편지가 잘 써졌는지, 피해자들이 잘 이해할 수 있을지 점검하였다. 그날 강의실에 있었던 학생들은 학과에 편지에 대한 감사를 표했다. 이 사건은 비공식적으로 처리되었기 때문에, 가해학생은 생활심리와 영구적인 징계기록을 피할 수 있었다.

회복적 정의 서클

회복적 정의 서클도 회복적 정의 대화모임과 유사하지만, 더 많은 수의 사람이 참여하고, 미국 토착민이 이용하던 "토킹피스talking piece" 등 토착민의 전통에서 여러 가지 방법을 차용하는 것이다. 토킹피스는 말하는 사람에게 솔직하고 용감한 대화를 장려하는 상징적이거나 신성한 물건으로, 토킹 피스가 없는 사람은 토킹 피스를 가진 사람의 이야기를 경청해야함을 뜻한다. 서클 안에서 돌려지는 토킹피스는 독특한 대화의 리듬을 만들어 낸다. 제임스메이슨대학교 JMU는 100년 전통과 자유주의 학문을 추구하는 학교의 가치와 문화를 상징하는 백주년 기념메달을 토킹피스로 이용한다. 즉 토킹피스는 공통의 가치와 목적을 상기시켜주는 것이다.

서클 절차는 토착민적인 의식과 이야기 또는 학교의 문화 또는 종교 등에서 직접 도출되는 정신적인 측면과 결부될 수 있다. 버지니아의 리버티대학교와 같은 기독교 학교는 때로 서클에서 기도를 하기도 하고, 공립대학인 JMU는 대학 공동체의 멤버십을 지도하는 8대 원칙학문, 정직, 학구, 책임, 존중, 탄력, 인정, 격려을 의미하는 "매디슨 웨이Madison Way"를 활용하기도 한다. 토킹피스 이외에, JMU는 서클의 한 가운데 매디슨 웨이가 적힌 종이를 두고, 조정자 또는 "서클키퍼"가 모두발언의 일부로 이것에 대해 이야기 한다.

서클의 4라운드 구성

조정자는 존중, 희망, 지지의 분위기를 설정한다. 서클은 보통 "4라운드"로 진행되는데, 각 라운드 마다 토킹피스가 한 바퀴씩 돌아간다.

제1 라운드:연결·도입 단계. 제1 라운드에서는 조정자가 참가자들에게 인사를 건네고, 모두가 한자리에 모이게 된 쟁점을 요약한다. 참가자들은 자기 소개를 하고, 왜 참가하게 되었는지, 이 절차를 통해 무엇을 얻고자 하는지를 설명한다. 그 다음 서클키퍼가 참가자들의 기대를 요약한다.

제2라운드:피해·우려 확인단계. 제2 라운드에서는 참가자들이 문제에 대한 느낌과 인식을 공유하고, 자기에게 중요한 측면을 확

"JMU에서 가장 많이 활용하는 회복적 절차는 서클이다. 우리는 회복적 서클의 성공을 위한 열쇠가 사전작업이라는 점을 알게 되었다. 여기에는 피해자, 가해자, 공동체 이해관계자 및 공동조정자 면담 등이 포함된다. 우리는 피해가 발행된 경우 뿐만 아니라, 다양한 그룹, 단체 및 팀(기숙사, 운동팀, 남녀 친목클럽, 학생회장단 등)의 공동체의식을 함양하는 데에도 서클 절차를 활용하고 있다. 이 과정이 끝날 때, 조정자의 역할이 너무 쉽고 거의 아무 것도 한 게 없다고 하는 사람들이 많다. 그런데 이것은 사실과는 상당한 거리가 있다. 즉 조정자는 사전작업을 책임지고, 절차와 지침을 소개하며, 모든 서클 참가자들이 피해, 요구 및 의무를 존중하는 마음으로 해결할 수 있는 대화를 촉진한다. 좋은 조정자는 진행방향을 결정하기 위해 경청할 뿐만 아니라, 비언어적 의사소통을 관찰한다."

조쉬 베이컨(Josh Bacon)-제임스 메디슨 대학교 법무처장

인한다. 조정자는 핵심적 주제를 요약하고, 일치되는 점과 불일치되는 점 및 확인된 피해를 정리한다.

제3라운드:계획·대응 단계. 제3 라운드에서 참가자들은 사건을 해결하려면 어떤 일을 해야 하는지에 대한 아이디어를 공유한다.

제4라운드:성찰단계. 마지막 라운드에서는 참가자들이 서클 절차를 통해 무엇을 얻고 느꼈는지 평가할 수 있는 기회가 주어진다.

서클은 징계사건 이외에 누가 가해자고 누가 피해자인지 경계가 불분명한 싸움과 같은 다툼에 흔히 활용된다. 또한 서클은 가해자

가 없거나 확인되지 않았지만, 피해자가 그 관심사를 공유하고, 지지를 찾으며, 향후 대처계획을 세우고 싶어하는 경우에도 활용된다. 서클 절차를 이용하는 좋은 예로 버몬트대학교에서 학생이 자살한 후에 서클이 진행된 사례를 들 수 있다. 기숙사 생활감독관 스테이시 밀러Stacy Miller에 따르면, "서클을 시작할 때만 해도 이런 비극이 있을 줄은 몰랐죠. … 그런데 기왕에 우리가 서클을 활용하고 있으니, 위기에 부딪히면 어떻게 대처해야 하는지 정확하게 알고 있었던 겁니다.… 이 절차는 어떻게 느끼고, 치유되며 함께 살아가야 하는지 학생들의 목소리에 힘을 실어주었습니다."[15]

회복적 정의 위원회

회복적 정의 위원회는 교수, 교직원, 학생 중에 위촉되는 상설위원회를 두는 "모범학생생활규정"의 징계위원회와 같은 구조를 가지고 있다. 그러나, 이 위원회는 생활심리 모델보다 회복적 정의 대화모임에 가까운 방식으로 진행된다. 피해자들이 참가할 수는 있지만, 위원회 진행에 피해자의 참가가 필요한 것은 아니다. 회복적 정의 위원회는 비공개로 심의를 진행하고, 자체적인 제재 결정을 할 수 있는 권한을 가지고 있기는 하지만, 가해자와 피해자의 능동

---

15) Wachtel, Joshua. "Healing After a Student Suicide: Restorative Circles at the University of Vermont," in Restorative Practices E-Forum, February 12, 2011, available at http://www.iirp.edu/article_detail. php?article_id = Njg4

적 참여를 확대하기 위해 그와 같은 권한의 활용을 자제한다.

스키드모어 대학은 2000년부터 회복적 정의 위원회를 운영하고 있다. 다른 회복적 정의 절차들은 회복적 정의회부를 피해자들이 참여하고자 하는 사건으로 제한하는 반면, 이 모델에서는 모든 생활사건이 위원회에 회부될 수 있다는 점이 가장 큰 장점이다. 피해자가 거절하는 경우, 위원들이 충격진술서를 낭독하는 등의 방법으로 그 입장을 대변한다.

더 나아가, 위원들은 학생이 학교의 명성을 어떻게 손상시켰는지 등 간접적으로 초래된 피해를 언급하며 공동체의 대변인 역할을 한다. 적대적인 사건이거나 가해자가 책임을 부인하는 경우, 위원회는 우선 증거를 검토하고 결정을 내리는 모범규정의 심의절차와 거의 유사하게 작동된다. 그러나, 제재를 결정하는 과정에서는 피해 배상 및 신뢰 재구축이라는 회복적 정의의 핵심적 목표에 초점을 맞춘다.

위원회가 효율성 측면에서의 장점이 있기도 하지만, 단점도 있다. 즉 사건과 직접적으로 관련되지 않은 참가자들위원회 위원이 있기 때문에 대화모임이나 서클에서 얻을 수 있는 정서적 관련성이 떨어진다. 직접적인 관련이 없다는 점 때문에 위원들은 유사사건의 반복에 신물이 나서 일상적이고 정형화된 방식으로 사건을 취급할 수 있다. 끝으로, 위원회가 피해자 없이 진행될 수 있으므로, 피해자의 참여를 이끌어내는 노력을 쉽게 포기할 수 있다.

모델 비교

대부분의 학교들은 업무량을 관리하기위해 일대일의 행정적 심의에 의존하고 있으므로, 많은 학교들이 회복적 절차를 그 심의과정에 반영하고 있다. 보통은 범죄 때문에 어떤 피해가 생겼는지, 그

	대화모임	서클	위원회
참가자	• 조정자 • 가해자 • 피해자 • 지지자	• 서클 키퍼 • 가해자 • 피해자 • 지지자	• 위원장과 위원 • 가해자 • 가해자 • 지지자
절차	• 체계적 및 비체계적 대화	• 토킹피스를 이용한 서클절차	• 체계적 및 비체계적 대화
적절한 경우	• 피해자 중심 • 자원 조정자 풀을 훈련할 수 있는 기회 (학생, 교수, 교직원)	• 다수 피해자 포함 • 책임관계가 복잡한 갈등 해결 • 가해자를 모르는 사건 • 학교의 문화적 상징 및 의식 활용	• "피해자 없는" 범죄 및 삶의 질에 대한 범죄 • 일반공동체도 피해자가 될 수 있음 • 피해자가 참여를 거절하는 경우 • 기존 징계위원회로부터 시행/이전 용이 • 책임에 대한 결정 가능
적용 사례	• 절도, 괴롭힘, 폭행, 부정행위	• 싸움, 룸메이트 갈등, 편견범죄, 소음	• 미성년 음주, 무질서 행위, DWI, 총기 소지
전통	• 메노나이트 피해자-가해자 화해 프로그램, 피해자-가해자 조정, 뉴질랜드 마오리 사법	• 미국 및 캐나다 토착민 사법 실천	• 버몬트 공동체 배상위원회-보호관찰- 및 남아공진실화해위원회

것을 어떻게 회복할 수 있는지를 확인하는 것을 강조한다. 피해자도 심의에 참여하도록 요청할 수 있으며, 이때는 심의의 본질이 회복적 정의 대화모임으로 전환된다.

우리 학교에 어떤 절차가 가장 적합한가의 문제는 프로그램의 목적에 따라 다를 수 있다. 많은 학교가 징계위원회를 활용하고 있는데다, 이들은 회복적 정의 원칙을 채택하도록 변형될 수 있기 때문에 위원회 모델이 가장 시행하기 쉬운 모델이다. 대화모임은 관련자들이 절차를 잘 받아들이거나, 사건에 대한 관심이 높아 신중한 처리를 요하는 경우 등 특정 회복적 정의 사건을 위해 사용될 수 있다. 서클 절차는 그 체계적인 대화 때문에 모든 사람이 평등하게 대우를 받을 수 있다는 특징이 있다. 서클은 정신적 성격을 가지기 때문에 종교에 기반한 학교들이 많이 채택하고 있다.

전통적 생활심의와 회복적 절차의 가장 큰 차이는 아마 회복적 정의가 피해의 확인과 회복을 강조한다는 점일 것이다. 전통적인 절차는 학생이 학생생활규정을 위반했는지 여부 구체적으로 어느 정책을 위반했는지를 신중하게 분석에 포커스를 두는 반면, 회복적 정의 대화는 피해의 성격을 탐구한다. 다음 장에서는 이러한 탐구의 한 방법을 제시한다.

5. 회복적 정의 메디슨 휠을 이용한 피해 확인

회복적 정의에 관한 유명 도서, *Peacemaking Circles*에서 저자들은 여러 가지 회복적 정의 절차와 원칙이 토착민적 전통에서 유래하였다고 한다. 그들은 "북미와 남미의 토착민들에게 신성한 가르침으로 기능"[16] 한 메디슨 휠medicine wheel과 관련된 상징성을 강조한다. 메디슨 휠을 이용하면 학생의 잘못 때문에 생긴 여러 피해를 스토리텔링으로 어떻게 밝혀낼 수 있는지 이해할 수 있다.

회복적 정의 훈련자 듀크 피셔Duke Fisher와 나는 회복적 정의 절차에서 스토리텔링의 중요성을 강조하기 위해 메디슨 휠의 은유를 사용한다. 메디슨 휠은 4개의 사분면으로 이루어져 있다. 첫 번째 사분면은 각 참가자가 사건을 설명하고, 그 때문에 어떤 영향을 받았는지 이야기 할 수 있게 해주는 스토리텔링의 중요성을 강조한다. 다른 사분면은 3가지 유형의 피해를 구별한다: 물질적·신체적,

---

16) Pranis, Kay, Barry Stuart, and Mark Wedge. 『평화형성서클』(대장간역)*Peacemaking Circles* (St. Paul, MN: Living Justice Press, 2003), 70.

> "서클을 시작한 후에야 학생들이 비로소 입을 열고, 자기 행동에 숨겨진 진실을 말하는 경우가 많다. 스토리텔링은 이해를 도와주고, 바로 여기서 치유가 시작된다. 대부분의 경우, 학생들은 마음에 벽을 지닌채 서클에 오는데, 우리는 긍정적인 만남으로 그 벽을 허물려고 노력한다. 성공적인 서클은 방어적인 마음의 벽을 무너뜨릴 뿐만 아니라, 구조적으로 건전한 무언가를 구축할 수 있다."
>
> 케빈 모어스(Kevin D. Mowers)−미시건 대학교, 학생생활 및 갈등해결처장

정서적·정신적, 관계적·공동체적.

회복적 정의 절차의 참가자들이 각각 이야기를 공유할 기회를 얻게 되면, 다른 사람들은 새로운 시각으로 사건을 볼 수 있게 된다. 조정자는 각 참가자가 어떤 영향을 받았는지를 정리해서, 하나의 차트에 여러 피해를 요약한다.

미시건대학교에서 1학년 학생 레이첼이 목요일 밤 술에 만취해서 기숙사로 돌아왔다.[17] 술취한 꼴을 못봐주겠다는 친구의 한마디에 둘은 큰 소리로 언쟁을 벌였다. 현장에 출동한 기숙사 경비가 레이첼에게 치료가 필요하다고 하자, 레이첼은 난동을 부리며, 문장식을 찢고, 비명을 지르며, 욕설과 함께 경비원을 때렸고, 응급의료요원의 이송과정에 저항했다. 결국, 응급실로 이송되어 만취에

---

17) 이 사례는 미시건대학교 학생갈등해결처 부처장 스테이시 반더 벨드(Stacy Vander Velde)가 전해준 것이다

대한 치료를 받았다.

그 후, 레이첼은 자기의 행동에 당황했고 잘못을 뉘우쳤지만, 그 행동이 갖는 더 넓은 의미는 이해하지 못했다. 2명의 훈련된 학부생 조정자들이 회복적 정의 서클을 소집하였다. 레이첼 이외에, 기

이야기

물질적
신체적
피해

관계적
공동체적
피해

정서적
정신적
피해

회복적 사법 메디슨 힐

숙사 사감, 기숙사 고문, 경비, 기숙사생 등 12명의 피해자들이 참석하였다.

레이첼은 스토리텔링 과정에서 공동체의 다른 사람들이 어떤 충격을 받았는지 들을 수 있었다. 그녀 역시 병원으로 이송된다는 것, 미성년자 음주로 처벌받는다는 것, 사건 후 룸메이트나 기숙사 친구들을 만난다는 것 등이 어떤 느낌이었는지 이야기 할 수 있었다. 또한 공동체 내에서 명예를 회복하고, 이번 일로 자신이 원래 그런 사람으로 인식되지 않았으면 좋겠다는 바람을 이야기 했다.

이처럼 불행하지만 빈번한 음주사건은 메디슨 휠로 표시되는 3가지 피해를 잘 보여준다. 레이첼은 기숙사 경비를 때릴 때나 문 장식을 찢을 때 물질적·신체적 피해를 줬고, 친구와 경비, 응급의료 요원을 상대로 난동을 부리면서 정서적·정신적 피해를 일으켰으며, 안전에 대한 걱정, 누가 다칠까 봐 걱정, 다음 날 아침에 수업이 있는데 깨워서 짜증 등 다른 기숙사생을 깨울 때 관계적·공동체적 피해를 발생시켰다. 참가자들은 레이첼에게 음주 문제나 일반적으로 대학에서의 폭음의 문제점을 지적하며 신뢰성도 우려하였다.

**합의는
피해자들의
요구를 해소하려는
것이다.**

서클은 여러 가지 피해를 신중하게 열거한 후에 그 요구를 해결하기 위한 합의에 이르게 할 수 있었다. 레이첼은 서클이 진행되는 중간에 구두로 사과

했고, 자기 행동 때문에 영향을 받은 사람들에게 무언가 하기로 합의하였다. 어떤 사람들을 위해서는 문 장식을 새로 만들었고, 또 어떤 사람들을 위해서는 행사에 참여하거나 같이 식사를 했다. 기숙사 경비를 위해서는 쿠키를 만들고, 경비 업무의 중요성을 이해하는 편지를 썼다. 학기말에는 음주를 대체할 이벤트를 기획하고 주관했으며, 금주교육프로그램에 참가하여 피해를 줄이는 방법을 배웠다.

생활담당자들은 일관성이 중요하다고 생각한다. 즉 유사한 위반에는 유사한 제재가 따라야 한다는 것이다. **회복적 정의는 각 사건의 복잡성을 인식한다.** 회복적 정의에서 제재는 스토리텔링 과정에서 확인되는 서클 참가자들의 요구와 우려에 맞춰서 제단되어야 한다. 이러한 접근방법은 각 사건의 복잡성을 인식한다. 2건의 만취사건이 학생생활 규정 위반으로 기록되는 방식은 똑같을 수 있지만, 가해자의 태도와 위험성 수준이나 그 상황에 가장 잘 대응할 수 있는 그룹의 의지에는 상당한 차이가 있다.

피해를 확인하는 과정은 가해자가 자기 행동의 결과를 이해할 수 있도록 도와주고, 참가자들이 그 결과를 합의과정에서 구체적으로 해소할 수 있기 때문에 중요한 것이다. 다음 장에서는 회복적 정의 제재를 성공적으로 만들 수 있는 방법을 제안한다.

6. 피해 회복 및 신뢰재구축 모범사례

캐나다 검사 루퍼트 로스Rupert Ross가 토착민 공동체의 회복적 정의를 경험하고 쓴 글이 있다. 그 글에서 그는 "가해자는 사람들이 자기 행위로 어떤 영향을 받았는지 당사자한테서 동정심을 가지고 들을 때까지 무슨 짓을 했는지 알 수 없다"[18]고 한 바 있다.

우리가 회복적 절차에서 묻는 첫 번째 질문은 피해가 발생했다는 사실을 인정하는 것이다. 회복적 대화는 이 피해의 성격을 탐색하는 과정을 포함한다. 바로 이 때문에 범죄의 영향을 받은 사람들을 참여시키는 것이 중요하다. 피해자들을 참여시킴으로써 가해자들은 자기의 행위가 가져온 현실적 피해를 알 수 있는 기회를 가지게 된다.

일단 피해가 확인되면, 참가자들은 그 피해를 회복할 방법을 모색할 수 있다. 솔루션은 보통 3가지 유형정서적·정신적 피해, 물질적·신체적 피해, 관계적·공동체적 피해의 피해에 대응하기 위한 여러 가지 임무의

---

18) Ross, Rupert. *Returning to the Teachings: Exploring Aboriginal Justice* (New York: Penguin, 1996), 175.

조합으로 이루어진다. 정서적 피해에는 사과를, 물질적 피해에는 원상회복을, 사회구성에는 공동체 봉사사회봉사가 이루어진다.

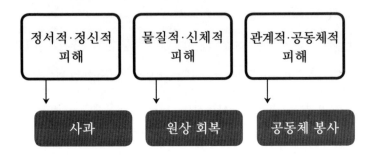

사과 가이드라인

사과는 후회의 표현이며, 위반행위에 대한 책임을 지겠다는 의사의 표현이다. 사과가 진지하게 받아들여지기 위해서는 진실되어야한다. 사과는 공동체 관계를 수선하고 당사자 사이의 신뢰를 회복하는 중요한 방법이다. 사과를 제재의 일부로 포함시키는 경우에는 구두가 아니라 서면으로 하게 해야 하고, 피해자에게 보내기 전에 승인을 받도록 하여야 한다.

"사과는 마지막 말을 하는 좋은 방법이다."

작자 미상

사과 편지에는 다음과 같은 내용을 써야 한다:

무슨 일이 일어났나

• 범죄로 초래된 피해의 상세한 내용. 가해자가 자기 행위의 피해를 이해한다는 것을 보여줄 것.

내 역할은 무엇인가

• 범죄에 대한 책임 인정. 책임을 부인하거나, 전가하거나 최소화하는 표현을 주의해야 한다.

내 느낌은 어떤가

• 피해를 초래한 데 대한 후회나 뉘우침의 표현.

앞으로 어떤 일을 하지 않을 것인가

• 책임있는 행동 및 더 이상 문제를 일으키지 않겠다는 약속.

어떤 일을 할 것인가

• 피해를 어떻게 바로잡을 것인지 구체적으로 설명.

학생 가해자들은 회복적 정의 대화모임 중에 자발적으로 구두의 사과를 하는 경우가 많은데, 이런 사과는 대화 과정에서 중요하다. 그렇지만 구두 사과가 서면으로 하는 사과 가이드라인의 모든 요소를 담고 있을 것이라고 기대할 수는 없다. 사과 편지 초안도 그렇다. 사과편지를 쓰는 과정에 멘토링을 제공해 주면 학생의 발전에 상당한 도움이 될 수 있다.

원상회복 가이드라인

원상회복은 금전을 지급하거나 금전적 손실을 갚기 위한 노동이 필요하다. 여기서 노무는 넓게 이해해야 하는데, 예컨대 예술대 학생이 피해자에게 원상회복차원에서 초상화를 그려주는 것 등 창의적인 프로젝트나 상징적인 활동이 노무에 포함될 수 있다. 원상회복은 금전과 관련되기는 하지만 벌금과는 많이 다르다. 벌금은 징벌적인 제재로서 가해자에게 비용이나 부담을 지우려는 것으로 일반적으로 대학교로 귀속되며, 그 금액은 재범을 억제하는데 적절한 수준으로 결정된다. 원상회복은 피해자가 입은 손실을 고려하여 결정되며, 피해자에게 돌아간다.

원상회복 합의는 다음을 포함하여야 한다:

금전적 손실

• 피해자가 입은 금전적 또는 재산상 손실의 구체적 내용.

지급 계획

- 피해자의 요구에 부합하는 지급 계획. 여기서는 가해자의 지급 능력도 고려해야 한다.
- 때로 노무 또는 기타 창의적 노력으로 지급을 대신하기도 한다.

공동체 봉사 가이드라인

공동체에서 자원봉사하는 것은 타인에게 도움이 될 수 있고, 봉사자에게 사회적 책임이 있음을 나타낸다. 이는 잘못된 행동으로 인해 상실된 신뢰를 재구축하는 한 방법이다. 공동체 봉사는 의미와 보람이 있어야 한다. 그것은 가해자가 새로운 기술을 배우고, 자기의 가치를 시험하며, 긍정적인 동료나 멘토와 새로운 관계를 형성할 수 있는 훌륭한 기회가 될 수 있다. 공동체 봉사는 두 가지 중요한 목표를 달성할 수 있다:

- 봉사는 공동체에 대한 잘못을 바로잡는 방법이다.
- 봉사는 선량한 시민임을 증명할 수 있는 기회다.

공동체 봉사 프로젝트는 다음을 포함하여야 한다:

제안

- 공동체 봉사의 형태를 제안하는 것은 가해자가 주도하여야 한

다. 제안은 다음을 포함하여야 한다:

- 봉사 프로젝트의 유형.

- 그 봉사가 공동체의 피해를 어떻게 바로잡을 수 있는지.

- 가해자의 자기 개발을 위해 무엇을 배우고자 하는지.

- 봉사 완수 시기.

검증

• 그 프로젝트가 성공적으로 완수되었음을 검증하는 봉사기관 담당자가 서명한 서신.

성찰

• 봉사 경험이 자기 자신 및 공동체에 대하여 어떤 가치를 갖는지 설명하는 편지.

예컨대, 2명의 스키드모어 대학 룸메이트가 기숙사 라운지 가구를 자기들 방으로 들고 가면서 공동 공간을 엉망으로 만들어 놓은 사례를 생각해보자. 이들의 회복적 정의 대화모임은 투어 가이드로 일하는 한 학생이 입학지망생에게 그들이 만들어 놓은 엉망진창의 기숙사를 보여주면서 얼마나 당황스러웠는지를 이야기 하면서 터닝포인트를 맞았다. 그 이야기를 듣고 두 사람은 자신들이 입힌 피해가 얼마나 심각한지 인식하게 되었고, 중요한 입학 행사를 앞두고 기숙사 전체의 "봄맞이 대청소"를 준비하겠다고 제안했다. 이런 공동체 봉사는 자기들이 입힌 피해를 수선하는데 도움이 될 뿐만 아니라, 대학의 긍정적인 리더가 될 수 있는 방법을 제공하는 것이다.

신뢰구축 활동

학생이 위반행위를 하면, 대학 공동체는 피해 변상과 함께 자연히 그 학생의 신뢰성을 문제 삼는다. 회복적 대화는 참가자들로 하여금 가해자가 왜 잘못을 저지르기로 했는지를 이해할 수 있도록 도와주며, 사람들에게 가해자가 그런 행동을 다시는 하지 않으리라는 점을 재확인시켜 줄 수 있도록 어떠한 긍정적 행동을 하면 되는지 찾아내는데 도움이 된다. 회복적 정의 대화는 학생이 어떻게 책임을 증명할 수 있고, 신뢰할 수 있는 대학 공동체의 구성원이 되는 방법을 어떻게 배울 수 있는지에 초점을 맞춘다.

회복적 정의 절차를 통해 효과적인 재통합 전략을 찾지 못하면, 정학도 결과가 될 수 있다. 회복적 정의 참가자들은 "당신이 대학 공동체의 긍정적

> **회복적 정의 절차를 통해 유효한 재통합 전략을 찾지 못하면, 정학도 결과가 될 수 있다.**

구성원이 된다는 것을 어떻게 확신할 수 있을지"를 우려한다. 보통 은 가해자가 재범 가능성을 줄이는 일에 참여하기로 약속할 때 그 확인이 이루어진다. 이러한 일에는 상담을 받는 것, 학생회 출마 등 어떻게 공동체의 긍정적 구성원이 될 수 있는지를 보여주는 활동, 당면 문제에 관한 연구 프로젝트와 다른 학생들에게 그 위험성을 알려줄 수 있는 대학 프로그램 조직 등 자기가 발생시킨 피해를 더 자세히 알고 이해하는데 도움이 되는 활동 등이 있다.

지지·책임 서클Circles of Support and Accountability; CoSA을 만드는 방 법도 공동체에게 확신을 주는 좋은 방법이다. 최근 성관련 문제에

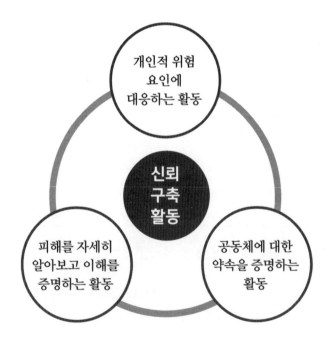

대한 관심이 집중되면서 학생들이 책임을 지는 사례가 늘어나고 있고 정학도 많아지고 있다. 지지·책임 서클은 교도소에서 공동체로 돌아오는 고위험 성범죄자를 위해 만들어진 것으로 대단히 성공적인 모델이다.[19] 훈련받은 자원봉사사 그룹이 정기적으로 가해자를 만나서 전환기 동안 가해자를 도와주고 모니터링하는 것이다. 이와 유사한 모델을 성관련 문제, 알코올 또는 마약 남용 등 학생이 돌아오는 것에 대해 공동체가 불안해 할 수 있는 사안에 대하여 학생을 캠퍼스 공동체로 재통합하는데 활용할 수 있을 것이다.

신뢰구축의 예

약물에 취한 플로리다대학 학생이 전 여자친구를 만나 왜 헤어지자고 했냐고 다그쳤다. 말싸움이 계속되자, 학생은 여자의 차에서 내리지 않겠다고 버텼다. 그러자 여자는 대학내 경찰서로 차를 몰았고, 그곳에서 남학생은 몇 명의 경찰관에 의해 강제로 내려졌다. 회복적정의 대화모임이 소집되었고, 참가자들은 남학생의 학교 복귀 여부에 대해서 토론을 벌였다. 학생이 뉘우치고 있으며 징계전력이 없다는 점이 도움이 되기는 했지만, 참가자들 중 특히 4명의 경찰관을 설득하는데 애를 먹었다. 이들을 설득하기 위해 학생은

---

19) "Develop Response Plan for Students Returning to Campus After Sexual Misconduct." *Student Affairs Today*. 3/18/2015

분노, 관계 및 약물 남용 문제를 다스리기 위한 상담을 받기로 하고, 경찰과 협조하여 알코올과 약물 사용의 법적 파급효과에 대한 대학 워크샵을 하기로 했다.

> "일반적으로 경찰들은 학생처에 사건을 인계하고나면, 그 결과에 대해서는 듣지도 못했고, 학생이 계속 학교에 다니는 이유를 알 수 있는 길이 없었다. 하지만 이 사건의 경우, 회복적 정의 때문에 경찰들은 결과에 대해 발언권을 가졌고, 사건 발생 시에 본 것 보다 학생을 더 잘 이해할 수 있게 되었다."[20]
>
> 크리스 로시아보(Chris Loschiavo) - 플로리다 대학교, 학생생활 및 갈등해결처장

회복적 정의는 가해자의 약속이 선량할 것이라고 그냥 믿지는 않는다; 이 사례에서, 학생 스스로 공동체의 신뢰를 재구축하기 위한 긍정적 리더의 역할을 보여주는 한편 상담을 받고 서비스 프로젝트를 하는 등 능동적 역할을 수행함으로써 대학 경찰과의 결속이 강화된 것이다.

가해자가 자기의 신뢰가능성을 보여주는 것만큼, 회복적 정의가 그 목표를 달성하는데 효과적인지를 판단하는 것도 중요하다. 다음 장에서는 대학 생활사건에서 회복적 정의의 활용에 대한 최근의 연구를 검토한다.

---

20) 크리스 로시아보와 면담

7. 회복적 정의 프로그램은 효과가 있는가?

나는 최근에 대학내 회복적 정의의 효과를 탐색하기 위하여 STARR 프로젝트[21] 라는 연구를 진행하였다. 연구팀은 대규모 공립교육기관에서 인문대학에 이르기까지 미국 전역의 18개 학교에서 659건의 생활사건 데이터를 수집하여, 회복적 절차와 전통적인 모범학생생활규정에 따른 심의를 비교하였다.

불복, 완수 및 재범

회복적 정의와 모범규정에 따른 심의 모두 불복율은 낮았고, 프로그램 완수율은 높았으며, 재범자 수도 비교적 적게 나타났다. 전반적으로 불복은 거의 없었지만, 회복적 정의사례에서는 1% 미만으로 거의 찾아보기 어려웠다. 이는 4%의 불복율을 보인 모범규정 심의 사례보다 낮은 수치다. 두 절차의 준수율은 심리 후 1년 내 제

---

21) 학생책임 및 회복적 정의 연구 프로젝트: STARR프로젝트 연구결과에 대해 자세한 사항은 Karp and Sacks, "Research Findings on Restorative Justice and Alcohol Violations," 및 Karp and Sacks, "Student Conduct, Restorative Justice, and Student Development" 참조

재를 완수하는 학생수의 비율이 93%로 대단히 높은 수치를 보여주었으며, 1년 이내 재범율은 약 18%로 비슷한 수치를 보였다. 그러나, 학생이 회복적 정의를 거친 후에 재범을 한 경우 위반의 심각성은 모범규정 심의 절차 후의 재범에 비해 낮게 나타났다.

참가자 만족도

STARR 프로젝트에서, 회복적 정의 절차는 피해자의 대화과정 참여 면에서 모범규정심의와 큰 대비를 이루었다. 아래의 표는 피

회복적 정의 절차에서 피해자 만족

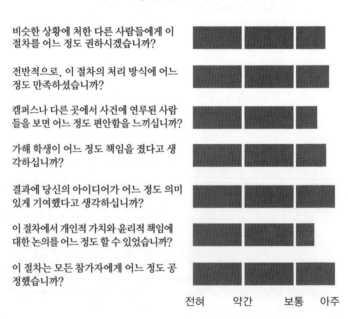

64 │ 대학에서의 회복적 정의

해자들이 이 같은 참여 기회를 일관적이면서 강하게 선호하고 있음을 보여준다.[22]

학생의 학습

학생처 전문가들은 교육자로서, 학생들이 문제에 빠지면 공동체 구성원으로서 중요한 삶의 교훈을 가르치기 위해 학생생활규정의 절차를 사용할 수 있음을 인식하고 있다. 우리는 STARR 프로젝트

학생 가해자 학습 결과

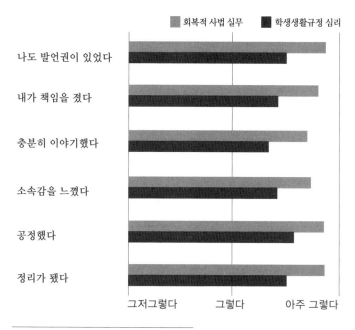

22) 이 데이터는 회복적 정의 사례 135건의 평균만족도를 보여준다.

에서 학생의 학습에 대한 6가지 차원을 살펴보았고, 회복적 절차가 훌륭한 학습기회를 만들어 낸다는 사실을 발견하였다.[23] 각각의 경우, 회복적 정의가 모범규정심리에 비해 통계적으로 의미있는 학습 개선효과를 산출하였다.

분류

"나도 발언권이 있었다"는 것은 가해자가 의사결정 과정에 능동적으로 참여했음을 의미한다. 이것은 공동체의 기준을 내면화하여, 공동체 구성원에게 내재된 양심과 윤리적 책임의식에 따라 행동하도록 한다는 학생발달목표를 가지고 있다.

"내가 책임을 졌다"는 것은 가해자가 자기 행동이 어떤 규칙에 위배되는지 뿐만 아니라, 타인에게 끼친 영향을 이해하게 된 정도와 잘못을 바로잡을 수 있도록 책임을 질 의지를 의미한다.

"충분히 이야기했다"는 다른 사람들의 관점을 경청하고, 뉘우침을 표현하며, 적어도 사건과 관련된 다른 학생만이라도 안전하고 문명인답게 대학 공동체에 공존할 수 있다고 느낄 수 있도록 깨진 관계를 개선할 수 있는 능력을 의미한다.

"소속감을 느꼈다"는 대학 관리자와 경찰에 대한 긍정적이고 비적대적인 방향성 등 학생의 사회적 결속을 의미한다.

---

23) 각 차원은 복수의 요소를 고려하여 구성하였다.

"공정했다"는 생활심의 절차가 공정했고, 학교의 규칙과 기준에 대한 적합성을 인식하는데 도움이 되었음을 의미한다.

　"정리가 됐다"는 것은 잘못을 직면하고 그로부터 배우지만, 미래의 성공에 대한 장애물이 되지 않도록 사건을 정리할 수 있게 된 절차에 대한 만족을 말한다.

　전반적으로, 이러한 결과는 대단히 고무적이다. 즉, 이것은 가해학생의 학습과 발전을 제고할 수 있는 방식으로 책임을 지도록 하면서도 피해자의 요구에 효과적으로 대응할 수 있음을 보여주기 때문이다. 참가자들은 절차가 공정하며 가해자가 자기 잘못에 대한 책임을 지도록 하는 의미있는 방법이라고 보았다.

8. 회복적 정의와 사회 정의

    대학들은 성폭력[24], 권력과 특권의 남용[25], 증오범죄 등 사회정의 문제에 대응하는 회복적 절차를 활용하고 있다. 예컨대, 캘리포니아대학교 총장실은 10개의 단과대학에게 "종교편향 또는 증오로 인한 사건, 특히 침해적이기는 하지만 법 또는 정책위반은 아닌 행위를 처리할 때"[26] 회복적 정의를 이용하는 방법을 모색하라고록 권고하고 있다.

    콜로라도 주립대학CSU 기숙사에서 두 학생이 서로 다투다가, 한 사람이 다른 사람을 "칭크"[27] 라고 불렀다. 그 후, 식당에서 피해를 입은 아시아인 학생은 큰소리를 질렀다: " 버지니아 공대 사건

---

24) Koss, Mary P., Jay K. Wilgus and Kaaren M. Williamsen. 2014. "Campus Sexual Misconduct: Restorative Justice Approaches to Enhance Compliance with Title IX Guidance." Trauma, Violence & Abuse 15: 242–257.

25) Acosta, David A. and Paul R. G. Cunningham. 2014. "Restorative Justice to Resolve Learner and Differential Mistreatment" Wing of Zock, March 20.

26) Mok, Harry. "UC Explores Restorative Justice in Improving Campus Climate," in *UC Newsroom*, January 27, 2012, available at http://www.universityofcalifornia. edu/news/article/27045.

27) 역주: chink는 '가느다랗게 찢어진 눈'이라는 뜻으로 중국인(넓게는 아시아인)을 경멸적으로 부르는 말이다.

28) 같은 일이 이래서 일어나는 거라고!" CSU의 회복적 정의 프로그램은 가해 학생과 가해자의 지지자, 피해 학생과 피해자의 지지자 등을 모아 회복적 대화모임을 개최하였다.

참가자들은 대화모임을 통해 몇 가지 중요한 문제를 공개적으로 지적할 수 있었고, 그들의 우려를 가장 잘 해소할 수 있는 회복적 합의를 만들어 냈다. 피해자는 그런 경멸적인 별명을 부르는 행동을 공격적으로 느꼈고, 그 때문에 안그래도 어려웠던 대학생활에서 주변인이 되어가는 것을 확인했다고 자신의 느낌을 전달할 수 있었다. 가해자도 이 점을 인정하고 사과했으며, 자기가 겪었던 어려움을 토로하였다. 가해학생의 지지자는 크고 몰개성적인 대학이라는 곳에서 '어떤 사람들은 스포츠팀처럼 애초부터 지지하는 관계가 있지만, 어떤 사람들은 자기 자리를 찾지 못해 어려움을 겪는다는 사실'을 가해자가 이해할 수 있도록 도와주었다. 피해 학생은 버지니아공대 사건을 큰소리로 말한 것은 협박할 의도가 아니었으며, 공격할 의도가 없었음을 참가자들에게 재확인시킬 수 있었다.

대화모임은 몇 가지 요소를 담은 합의를 만들어 냈다. 가해자는 피해자에게 긍정적으로 대하기로 합의했을 뿐만 아니라, 그들이 기숙사 생활을 함께 하는 동안 누구도 괴롭힘을 당한다고 느끼지 않도록 노력하기로 했다.

---

28) 2007년 조승희가 총기난사로 32명을 살해하고 17명을 부상시킨 사건.

> "자기가 피해를 입힌 사람 앞에 앉아서, 어떤 피해를 입었는지 이야기를 듣는 과정에 견줄만한 교육 워크샵이나 기타 제재가 또 있는지 모르겠다. 단순히 워크샵에 참석하는 것보다 훨씬 어렵다고 확신한다." 29)
>
> 폴 오신커프(Paul Osincup) – 콜로라도 주립대학교 갈등해결 및 생활서비스 처장보

가해자의 지지자는 피해학생이 고립감을 덜어내고 운동선수/가해자와 긍정적 관계를 구축할 수 있도록 연습이나 경기에 데려올 것을 제안했고, 피해학생도 CSU에서 공동체를 찾을 수 있는 전략의 일환으로서 아시아/태평양 미국문화원장을 만나기로 하였다.

이처럼 회복적 정의는 공동체 구축과 대학문화 개선을 위한 전략으로 사용되고 있다. 위의 사례는 회복적 절차에 참가하는 사람들의 출신이 다양하고 사회적 힘의 정도가 다르다는 점을 상기시켜준다. 조정자는 사회적 불평등에 관심을 기울이고 힘의 불균형을 상쇄시킬 수 있도록 노력하는 것이 무엇보다 중요하다. 회복적 정의 조정자는 중립적이거나 어느 쪽에도 치우치지 않는impartial 비차별적이고, 객관적이며, 특정 입장과 무관하고, 감정에 치우치지 않으며, 가치 중립적임을 암시할 수 있는 표현 사람들이 아니다. 오히려 우리는 "여러 쪽에 치우치는multipartial" 사람들로서, 선호하거나 편들지 않고 모든 참가자를 능동적으로 지지한다.

---

29) 폴 오신커프와 면담

전형적인 힘의 불균형

≠ 가해자/피해자^{피해자가 가해자에게 이야기하기 두려운 경우가 있다}

≠ 피해자/가해자^{가해자가 수치심으로 압도되는 경우가 있다}

≠ 조정자/참가자^{조정자가 무의식적으로 대화를 조정할 수 있다}

≠ 교수/교직원/학생^{학생은 교수나 교직원에게 공손한 태도를 취할 수 있다}

≠ 핵심 이해관계자/다소 적은 영향을 받은 참가자^{적게 영향을 받은} 당사자들은 자기의 요구가 다른 사람들의 요구만큼 중요하지 않다고 생각할 수 있다.

≠ 사회적 신분^{인종, 계층, 성별, 성적취향, 능력, 종교}

≠ 그룹의 크기^{가해자 측/피해자 측 참가자의 비율이 참자자들의 느낌에 영향을} 미칠 수 있다

외형적인 힘은 세가지 유형으로 나타날 수 있다.:

(1) **연합구축**−다른 참가자들에게 하나의 관점을 받아들이도록 설득하는 것. (2) **에어타임**^{air time}−토론을 지배하고 간섭하며 다른 참가자의 말을 듣지 않는 것. (3) **비유연성**-기존 입장을 바꾸지 않겠다는 완고하게 거절하는 것.

여러 쪽에 치우치는 진행 기법

= 사회적 힘에 대한 인식: 그룹을 평가하고 힘의 표현을 예상해 야 한다.

= 사회적 신분이 다른 사람과 공동 진행.

= 에어타임 균형: 말이 없는 참가자의 발언을 유도하고, 토킹피스를 이용한 서클 절차를 활용한다.

= 1인칭 화법: "나"의 시점에서 개인적 느낌을 공유하도록 유도하고, 판단과 문책성 발언은 삼가하도록 유도한다.

= 조용한 성찰을 위한 공간 마련: 참가자들이 발언 전에 먼저 생각해 볼 수 있도록 해준다.

= 고무적일 것: 수치심, 슬픔, 절망 등 원초적인 감정을 나타내는 바디 랭귀지와 표정에 주목하고, 참가자들이 대화를 통해 자기의 요구를 충족하고 해결책을 찾을 수 있는 기회를 볼 수 있도록 도와준다.

= 진정성과 취약성의 예를 제시한다: 관련된 이야기를 공유한다. 그러나 초점을 참가자에서 조정자에게로 이동해서는 안된다.

= 힘의 역학을 수면 위로 끄집어 낸다: 어떤 현상이 나타나고 있는지 큰 소리로 말하고, 해명을 요구하며, 주도권을 되찾아온다. 힘이 약한 사람이 억압적인 발언에 이의를 제기할 것을 기대하지 말 것.

9. 프로그램 시작하기

학교 예산이 감축되고 있는 상황에서 새로운 프로그램을 시작하기는 대단히 어렵다. 대부분의 생활담당관들은 담당해야 할 사건이 너무 많고, 이메일이 쌓이고 있으며, 언제 학생생활에서 긴급한 사건이 터질지 예측할 수 없다고 불평한다. 새로운 프로그램을 구축하는 것은 확실히 상당한 시간이 걸리며, 많은 경우 회복적 정의 사건이 전통적인 행정적 심의에 비해 더 많은 시간이 든다고 주장한다. 그러나 사건을 심의하는데 드는 직원들의 에너지를, 회복적 정의 자원자 훈련과 관리로 돌려 직원들에게 힘을 실어주는 역할을 하면 의욕과 인력 유지율을 개선할 수 있다.

아래에서는 시행에 도움이 되는 몇가지 질문을 제시하고, 시기와 인력유지율을 개선하는 새로운 역할을 부여할 수 있을 것이다. 최근에 회복적 정의를 도입한 명망있는 동료 두명의 통찰을 여기서 소개한다.

시행에 관한 질문

- 대화모임, 서클, 위원회 중 귀하의 대학 문화 또는 프로그램을 적용할 사건 유형에 어떤 회복적 절차가 가장 적합한가?

- 회복적 정의 원칙이 현재의 생활절차 및 절차에 어떤 방식으로 녹아 들게 할 것인가?

- 기존 학생생활규정에 회복적 정의 프로그램을 시행할 수 있는 기회나 제약조건이 있는가?

- 학생처 담당자, 변호사, 대학 경찰, 학생회 등 프로그램에 대한 후원을 어디서 얻어야 하는가??

- 학생처 사무실, 기숙사, 갈등해결 프로그램 등 프로그램을 어디서 진행할 것인가?

- 회복적 정의 프로그램을 위한 인력은 있는가? 누가 프로그램을 운영할 것인가? 운영 업무를 기존 직무에 추가할 수 있는가?

- 교직원, 교수, 대학원생, 학부생 중 누가 사건을 조정할 것인가?

- 프로그램 비용은 얼마나 되는가? 어떤 비용을 고려해야 하는가? 재정 지원은 있는가? 비용은 어떻게 마련할 것인가?

- 지역 회복적 정의 프로그램과 연결/협력할 수 있는가? 학과 고등교육관리과, 법학과, 형사사법학과, 갈등분석학과, 평화학과, 사회복지학과 등와 협력할 수 있는가? 어떤 자원을 활용할 수 있는가?

- 프로그램을 어떻게 시작하고 홍보할 것인가?

- 회부절차는 어떻게 할 것인가? 회부를 어떻게 장려할 것인가?
- 프로그램을 위한 훈련은 어떻게 시행할 것인가? 누가 훈련을 받아야 하는가?
- 회복적 정의 프로그램의 효과는 어떻게 평가할 것인가?

＊＊＊＊＊

소누 타다니 이스라니(Sonoo Thadaney Israni)

스탠포드대학교 회복적 정의 시범프로그램 관리자

회복적 정의 프로그램에 관심있는 학교들은 스탠포드대학의 회복적 정의 시범프로그램 조정자들에게 "어떻게 시작하셨어요?"라고 자주 묻는다. 그것은 우리학교 학생처장과 학생생활부장께서 학생생활문제를 해결하는 대안적 분쟁해결을 모색하는데 관심을 가진 것에서 비롯되었다. 동료 조정Peer mediation 및 회복적 정의를 우선적으로 고려하고 있었는데, 다행히 이 분야 실무자인 졸업생들로부터 물심양면의 지원을 받을 수 있었다.

스탠포드대학의 회복적 정의 시범프로젝트 론칭 과정

1. 부처장보 겸 학생생활처장과 교육학과와 심리학과에서 "갈등해결을 위한 조정"이라는 과목을 강의하는 교육심리학 교수 존 크룸볼츠John Krumboltz가 주도.

2. 졸업생, 기부자 및 재단으로부터 기금 지원 및 조력.

3. 경험있는 회복적 정의 실무자를 프로그램 관리자로 채용.

4. 기존 회복적 정의 프로그램조사 후, 대학 파트너와 리더에게 배포하여 피드백을 받고, 학교에 맞게 일부 조정.

5. 프로그램 관리자가 스키드모어 대학의 회복적 정의 훈련과정 참가.

6. 기존 과제, 규칙 및 절차와 조정될 수있도록 프로그램 매뉴얼 마련.

7. 가해자, 피해자, 조정자 및 참관인을 위한 평가양식 조정.

8. 회복적 정의 및 조정에 경험을 가진 학생 및 직원 등 자원 조정자 모집, 프로그램 오리엔테이션 및 조정자 훈련 제공.

9. 사건 촉진, 사건 설명 및 계속적 훈련을 위해 격주 단위의 회의 계획. 저녁 시간 대가 가장 좋은 시간이어서, 커뮤니티를 형성하고 감사를 표시하기 위해 간단한 식사를 제공함.

＊＊＊＊＊

드보라 이이케스(Deborah Eerkes) 앨버타 대학교 학생 사법업무실 실장

회복적 정의 프로그램을 시행하기 전까지, 앨버타 대학교 기숙사 규정은 각 기숙사별로 학생생활규정을 다르게 규정하는 등 복잡한 문서로 구성되어 있었다. 결국, 이 정책은 너무 불편해서 유지하기 어려웠고, 학생생활정책을 관장하는 위원회가 그 변경을 요구하게 되었다.

이에 따라 기존 구조를 유지하면서도 근본적인 응보적 원칙을 회복적 원칙으로 변경하는 새로운 정책 초안이 마련되었다. 그리하여 학생 생활담당자가 회복적 합의 관리자로 바뀌는 등 기존 직무가 재편성되었고, 생활심의는 회복적 팀회의로 전환되었다.

그 후 학생처장과 다양한 대학 이해관계자들이 참여하는 마라톤 자문회의가 열렸다. 응보적 마인드를 회복적인 마인드로 변화시키는 일은 쉽지 않았고, 사람들을 확신시킬 수 있는 무언가가 필요하게 되었다. 변경계획의 일환으로서, 우리는 지역 및 국제 전문가들로부터 프로그램 훈련과 출범에 대한 도움을 구하였고, 프로그램 시행 후 1~2년이 지나면 재검토하기로 약속했다. 그리하여, 운영위원회가 새로운 기숙사규정을 승인하게 된 것이다.

기숙사 생활 및 학생생활처 직원들은 여름 내내 훈련프로그램을 설계하고, 매뉴얼과 기타 자료를 수집하며, 교직원과 학생들에게 새로운 프로그램을 홍보하였다. 새로운 직무내용으로 새로운 인력도 모집했고, 지역 및 외부 회복적 정의 실무자 훈련을 거쳐 프로그램을 시행하게 되었다.

앨버타 대학교의 5대 교훈

1. 회복적 정의 프로그램에 대한 공동체의 승인을 받기 전에, 교무처장과 학생처장의 지지를 받는 것이 중요하다.

2. 회복적 정의를 우리 문화에 적합하게 바꾸는 것이 회복적 정의를 수용할 수 있는 문화를 조성하는 것보다 쉬웠다. 회복적 정의의 장점은 환경에 적응할 수 있다는 점과 문화를 지속적으로 변화시킨다는 점이다.

3. 시행 초기에 이 장 첫머리에 제시된 정책 및 프로그램 질문에 신중하게 답 할 필요가 있었다.

4. 직원 훈련 및 프로그램 홍보의 중요성은 아무리 강조해도 지나치지 않다. 직원의 이해와 프로그램에 대한 동의가 성공의 열쇠다. 이 사람들이 프로그램의 홍보대사이고, 프로그램을 활용하거나 적용할 때에 학생에게 조언하는 사람들이다. 훈련은 집중적이며 지속적이어야 한다; 홍보는 폭넓은 참여를 유도하는 형태로 하여야 한다.

5. 절차가 원래 계획대로 되지 않을 때 유연하게 대처해야 한다. 우리는 피해의 확인과 배상 및 신뢰재구축이라는 기본원리를 지속적으로 포용하면서도, 이것들이 가장 적합한 방식으로 이루어질 수 있도록 허용하였다.

시행상의 문제점

대학에서 회복적 정의 프로그램을 시작할 때에는 몇가지 딜레마에 빠질 수 있다. 그 중 한가지가 사건 회부하는 문제다. 대부분의 학교에서는 새로운 접근방식이 조심스러운 나머지, 대개 미성년 주류 소지나 마리화나 소지 등 피해가 거의 없는 유형의 경미한 사건으로 회부하는 경향이 있다.

그러나 회복적 정의 절차는 명확한 피해가 있는 사건에서 가장 효과적이다. 이런 사건에 적용해야 규칙위반에 대한 처벌을 걱정하는 것에서 피해 배상 및 신뢰재구축 마인드로 바꾸는데 도움이 된다. 따라서 새로운 프로그램을 시행할 때 중대 사건을 다룰 수 있도록 약간의 신뢰가 필요하다.

조정 facilitation:진행 및 훈련에도 약간의 신뢰가 필요하다. 경험있는 조정자를 활용하는 것이 가장 좋지만, 새로운 프로그램에는 그런 사람이 없다. 또한, 회복적 정의 절차 진행 및 시행 경험이 있는 훈련자를 활용하는 것이 가장 좋지만, 새로운 프로그램에서 그런 인력을 확보하는 것을 기대할 수는 없다. 공동체에 기반을 둔 회복적 정의 프로그램과 협력하거나 훈련 컨설턴트와 협력하는 방안이 대안이 될 수 있을 것이다. 대학은 조속히 역량과 전문지식을 내재화하도록 노력해야 한다. 다음 장에서는 회복적 정의 훈련을 제공하는 몇 가지 팁을 제시한다.

10. 회복적 정의 훈련 조정하기

대학의 회복적 정의 훈련은 참가자들이 회복적 정의의 원칙과 절차에 대한 철저한 이해, 확실한 조정 기법, 프로그램 시행에 대한 절차 정보, 지적으로나 정서적으로 보람있는 훈련에 참가했다고 느낄 수 있도록 해야 한다.

회복적 정의는 도덕적 대화와 함께 원초적 감정을 유도하는 것이기 때문에, 참가자들이 현실적이라고 느낄 수 있는 경험적 훈련환경을 만드는 것이 중요하다. 대부분 역할극을 통해 경험해 보거나, 실제사건을 관찰하지 않고는 회복적 정의의 접근에 수긍하지 않는다. 배워야 할 것들이 많지만, 강의나 파워포인트 프리젠테이션보다 대화와 능동적 학습을 통해서 공유하는 것이 더 좋은 방법이다.

훈련 디자인

어느 정도의 훈련이 필요한가? 훈련수준은 역할에 따라 달라질 수 있는데, 순서대로 점점 더 높은 수준의 훈련이 필요하다.

나는 대학 컨설턴트로서 회복적 정의 훈련 의뢰를 자주 받는다. 우리는 회복적 정의가 처벌이 아니라 문제해결을 위해 마련된 절차라는 점을 훈련생들이 이해할 수 있도록 영화 장면이나 스토리텔링을 활용한다. 훈련생들은 책임, 공정성, 정의에 대한 생각이 달라지는 것을 경험해 보아야 한다. 이를 위해서 음주 폭주, 시험문제 유출, 소셜미디어에서의 인종차별적 괴롭힘 같은 딜레마 상황을 제시해 주면서 가급적 신속하게 연습하게 한다. 소그룹으로 나누어 먼저 답해보도록 한 다음, 그룹별로 회복적 정의 대본을 따르도록 하고, 그 결과를 비교하게 한다. 대단히 전환적이다.

조정자 훈련은 피해를 토론할 수 있는 대화모임을 소집하고, 회복적인 결과를 얻을 가능성을 높이는 방법을 가르친다. 훈련생들은 회복적 정의 절차의 구조와 피해를 회복하고 신뢰를 재구축하기 위해 모인 사람들의 지혜를 신뢰하는 방법을 배운다. 그들은 피해를 객관적으로 바라보고, 정확하게 요약하며, 그 피해에 대하여 충족되지 않은 요구를 이해하는 방법을 배운다. 요구가 확인되고 나면, 이를 충족하기 위한 계획 및 전략을 세우는 일이 머지 않았다. 훈련 그룹은 회복적 정의 절차 및 진행 기법을 적절하게 적용하면, 복잡한 상황도 관리할 수 있고, 개인적 성장과 캠퍼스 전체의 치유를 이끌어 낼 수 있는 기회가 될 수 있다는 사실을 배운다."

듀크 피셔(Duke Fisher), 컨설턴트/훈련자

회복적 정의 옹호자는 프로그램에 참가하지는 않지만, 그 프로그램을 옹호할 수 있을 정도의 지식이 필요하다. 학장, 교수, 학생회장 등이 여기에 속할 것이다. 이 그룹은 몇 시간의 훈련으로 충분히 준비할 수 있다.

회복적 정의 조정자진행자는 회복적 정의 원칙과 최소한 한 가지 절차방법예컨대 대화모임 등의 조정 기법을 철저하게 숙지해야 한다.

회복적 정의 프로그램 운영자는 조정자에게 조언을 할 수 있어야 하고, 학생생활규정 개정에서 사건 관리에 이르기까지 프로그램 시행의 요점을 이해하고 있어야 한다.

회복적 정의 훈련자는 사건 조정에 대한 현장경험과 회복적 정의의 절차유형 및 전세계적 추세를 넓게 이해하여야 한다.

다음쪽의 표는 훈련의 주제와 대상자를 보여준다. 각 모듈은 대략 3시간 정도 소요된다.

여러 단체들이 회복적 절차에 대한 훈련을 제공하고 있다. 지역공동체 기반 프로그램이나 학내 교수로부터 자료를 구하는 것이 가장 이상적이다. 웹사이트 www.CampusRJ.com 에도 비디오 및 역할극 등 몇 가지 자료가 있다.

주 제	옹호자	조정자	운영자	훈련자
회복적 정의 개요	√	√	√	√
원칙, 실무, 효과에 대한 증거, 사례연구				
촉진 서론		√	√	√
조정자의 역할, 절차진행 순서, 협의 전 준비,				
촉진 가이드 또는 대본, 기본 규칙, 롤플레이				
피해 확인		√	√	√
경청 및 성찰 기법, 물질적/신체적 피해,				
정서적/정신적 피해, 관계적/공동체적 피해, 롤플레이				
회복적 정의 결과		√	√	√
피해 확인, 사과, 원상회복, 공동체봉사, 신뢰재구축				
촉진 시 문제점		√	√	√
다양성과 포섭, 이차 피해자화, 책임 부인,				
성격 판단, 롤플레이				
시행			√	√
프로그램 모델, 회부, 사건 관리, 프로그램 홍보,				
훈련, 정책 업데이트				
훈련자 훈련				√
능동적 경청, 학습 계획, 연습 및 코칭				

11. 회복적 정의 대화모임 준비하기

대부분의 실무자들은 사람들이 회복적 정의 대화모임에 참가할 수 있도록 준비시키는 것이 중요하다는 점을 강조한다. 조정자가 분쟁에 대해서 잘 알지 못하는 민사조정과 달리, 회복적 정의 조정자는 사전에 최대한 많은 정보를 수집한다. 이 조정자가 참가자들의 입장을 알고, 대화모임에서 어떤 이야기를 할지 안다면, 또다시 피해를 당할 가능성을 줄일 수 있기 때문이다.

회복적 정의 조정자는 대화모임의 적합성을 평가하기 위하여 사전에 모든 참가자와 연락하여, 참가자들에게 대화모임의 절차와 그 잠재적 가치에 대해 상의한다. 사전 절차는 조정자와 신뢰를 형성하고 질문에 대한 답을 얻을 수 있는 기회가 된다.

대화모임 준비
대화모임 절차를 단순명료하게 설명한다:

- 대화모임은 가해자와 피해자가 조정자와 함께 하는 대화라는 점
- 어떤 일이 있었는지, 사람들은 어떤 영향을 받았는지 설명할 수

있는 기회라는 점.

- 초점은 피해회복과 신뢰재구축이지, 처벌이나 판결이 아니라는 점

- 참가자들은 피해회복과 신뢰재구축 방법에 대한 아이디어를 교환한다는 점.

- 자발적인 절차라는 점.

- 조정자는 훈련을 받았고, 중립적이라는 점 모든 사람들이 자기 관점을 제시할 수 있도록 도와준다.

- 모임은 조정자에 한하여 비밀이라는 점. 다만, 즉각적인 위험이 있을 경우에는 그렇지 않다.

- 합의는 구속력이 있다는 점.

- 결과로는 사과편지, 원상회복, 공동체봉사 및 기타 회복적 대응이 포함될 수 있다는 점.

경청한다:

- 대화모임 중에 물을 내용을 연습하는 시간임을 알려준다.

- 감정을 다른 말로 바꾸어 표현해준다. 침묵할 수 있도록 해준다. 감정을 표현할 수 있도록 기다려준다. 책임부정, 2차피해 위험성, 정신건강문제 등 대화모임에 부적절한 사정이 있는지 주의한다.

- **가해자에 대한 질문:**

  - 무슨일이 있었나?

  - 당시에 무슨 생각을 하고 있었나?

  - 그 후에는 어떤 생각이 들었나?

  - 이 사건으로 어떤 영향을 받았나?

  - 당신의 행동으로 누가 어떤 영향을 받았나?

  - 잘못을 바로잡기 위해 무엇을 해야 한다고 생각하나?

- **피해자에 대한 질문:**

  - 무슨일이 있었나?

  - 당시에 무슨 생각을 하고 있었나?

  - 그 후에는 어떤 생각이 들었나?

  - 이 사건으로 어떤 영향을 받았나?

  - 가장 힘든 일은 무엇이었나?

  - 어떻게 하면 잘못을 바로 잡을 수 있다고 생각하나?

대화모임의 우려와 이점에 대해 논의한다:

- 어떤 우려가 있는지 물어본다.

- 이 절차에 참가함으로써 어떤 요구가 충족될 수 있는지 확인한다.

- **가해자가 얻을 수 있는 이점:**

  - 절차의 결과에 직접 의견 반영

- 자기 관점에서 무슨 일이 있었는지 설명할 수 있는 기회.

- 양심의 가책을 표현하고 책임을 질 수 있는 기회.

- 이번 실수만으로 자신이 평가되지 않도록 할 수 있음.

- 다른 사람들의 관점과 우려를 이해.

- 이 경험을 통해 많은 것을 얻을 수 있도록 도와줄 지지자와 함께 할 수 있음.

- 진실성이 검증된 과정.

- **피해자**가 얻을 수 있는 이점:

  - 안전한 환경에서 책임있는 사람을 만날 수 있는 기회.<small>보통 피해자에게 도움이 된다</small>

  - 어떤 영향을 받았는지 표현할 수 있는 기회.

  - 책임있는 사람으로부터 직접 잘못에 대한 정보를 받을 수 있.음

  - 절차의 결과에 직접 의견 반영.

  - 이 경험을 통해 많은 것을 얻을 수 있도록 도와줄 지지자와 함께 할 수 있음.

  - 진실성이 검증된 과정.

- 참여를 원하는지 논의한다.

- 지지자가 될 수 있는 사람을 확인한다.

- 연락처를 주고 받는다.

• 일시 및 장소를 정한다.

위험 신호

조정자는 사건이 회복적 정의 대화모임에서 다루기에 적합한지 판단해야 하는데, 다음 네가지는 그 판단을 할 때 고려할 사항이다. 물론, 이러한 위험신호가 있다고 반드시 위험한 결과가 있는 것은 아니며, 상황에 맞게 신중하게 판단해야 하는 회색지대가 있다는 것도 염두에 두어야 한다.

자발적 절차: 가해자와 피해자가 참가가 강제된다고 느끼면 대화모임을 진행해서는 안된다. 이 점을 평가하는 것이 쉬워 보일 수 있지만, 많은 프로그램들이 징계기록을 남기지 않는 것 등 유인책을 제공하고 있기 때문에 어려움이 있을 수 있다. 유인책 자체는 괜찮지만, 조정자는 참가자들이 부당한 압력을 느끼고 있는지 평가하여야 한다.

책임인정: 회복적 정의 위원회 이외의 회복적 절차는 가해자가 잘못을 시인했다는 것을 전제조건으로 한다. 그렇다 하더라도, 가해자가 사건의 일부 사실관계를 다투거나, 부정하거나, "노트북을 가지고 있기는 했지만, 내가 훔친 것은 아니에요." 책임을 전가하거나, "내가 하기는 했

지만, 내 생각이이 아니라 친구 생각이었어요." 축소하거나, "오래된 노트북이고 보험이 더 좋은 걸로 바꿔주잖아요." 피해를 사소한 것으로 취급 "다들 그렇잖아요. 뭐 대단한 일이라고…." 하는 경우가 많다.

이 부분은 프로그램에 따라 다를 수 있는데, 가해자가 진지하게 뉘우침을 표현하는 경우에만 사건을 회복적 정의로 회부할 수도 있고, 가해자가 피해를 이해하고 완전한 책임을 지는 것을 배울 수 있도록 회복적 정의 절차를 이용할 수도 있다.

피해자 안전: 회복적 정의의 목표는 피해자를 돕는 것이지, 추가 피해를 유발하는 것이 아니다. 조정자는 사전 면담을 진행하는 동안 이 점을 유의해야 한다. 가해자가 피해자를 비난할 것인가? 피해자는 얼마나 취약한가?

정신 건강: 조정자는 임상적 진단을 하는 위치가 아니고, 회복적 정의 대화모임은 치료적 개입을 위해 설계된 절차가 아니다. 명확한 정신질환 징후가 있으면 참가자가 경청하거나 자기 의사를 정확하게 표현하기 어려울 수 있다.

12. 대화모임 조정자의 연습 대본

　회복적 정의 대본의 이용가치에 대해서는 회복적 정의 실무자들 사이에 논란이 있다. 혹자는 운영의 일관성을 담보하기 위해서 대본을 엄격하게 따르는 것이 중요하다고 한다. 예컨대, 한 명의 피해자에게 "잘못을 바로잡기 위해서 어떤 일을 해야 한다고 생각하십니까?"라고 물었다면, 다른 피해자에게도 동일한 질문을 하는 것이 중요하다는 것이다. 그러나, 상황에 맞게 대응하고, 계획되지 않은 방향의 대화를 가이드할 수 있는 그룹조정기법을 선호하는 실무자들도 있다.

　이 문제에 대한 나의 답은 "연습대본"[30]을 제공하는 것이다. 연습대본은 명확한 질문세트를 이용하고자 하는 사람들이 따를 수 있는 것이기도 하고, 질문을 똑같이 쓰지 않더라도 일관적인 흐름을 유지할 수 있도록 대화모임에서 다루어야 할 주제를 조명하는

---

30) 이 대본은 script is based on conferencing scripts by 길포드대학 샌디 볼스(Sandy Bowles); 버몬트 교정부 크리스 디넌(Chris Dinnan); 찰스 바톤(Charles Barton), *Restorative Justice: The Empowerment Model*; 및 테리 오코널 외(Terry O'Connell et al.), *Conferencing Handbook: The New Real Justice Training Manual*의 대화모임 대본에 기초하여 작성된 것이다.

것이기도 하다.

일반적으로, 대화의 흐름은 다음의 그림에서 보는 것과 같다. 우선 가해자 또는 "책임있는 사람"이 사건을 설명하는 것으로부터 시작한다. 피해자는 보통 가해자의 이야기를 들을 때까지 말을 하려 하지 않는다. 이 대본에서는 가해자가 먼저 이야기하는데, 어떤 조정자는 참가자들에게 누가 먼저 이야기할지 결정하도록 하기도 한다. 피해자가 이야기하고 나면, 가해자가 답변할 수 있도록 가해자에게 발언기회가 돌아간다. 회복적 절차에 가장 개방적인 사람이 먼저 발언할 수 있도록 좌석을 배치하는 것이 좋다.

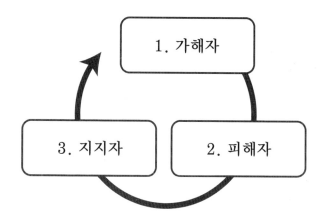

다음 그림은 좌석배치에 대한 안내이다. 가해자는 조정자 및 가해자측 지지자와 가까운 곳에 배치하고, 피해자와 가해자는 약간

의 거리를 두면서 직접 서로를 보고 이야기할 수 있도록 반대편에 배치하는 것이 이상적이다. 또한 이 좌석 배치도는 조정자들 사이의 업무분담을 보여준다. 한 사람은 대화를 진행하고, 다른 한 사람은 진행상황을 기록한다. 그러나, 대화가 피해 확인과 해결방안 모색으로 진행되면, 보통 두 번째 조정자가 주도하게 된다.

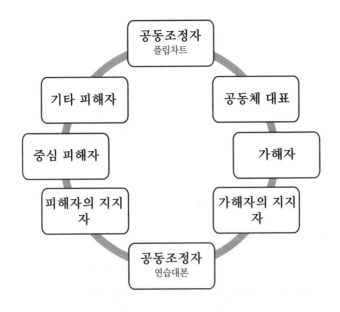

대화모임 직전에 할 일:

• 대화모임 관련 자료(대본, 좌석배치도, 플립차트 및 마커, 펜/노트, 사건 개요, 이름표) 점검.

- 참가자 도착 전, 배치도에 따라 좌석 준비.

- 참가자 도착 시 인사하고 피해자와 가해자가 분리된 장소에서 대기하도록 준비.

- 모든 사람들이 준비되었을 때, 참가자들이 회의실로 들어오도록 하고 좌석을 안내한다. 특히 대화모임 참가자가 많으면 참관인과 2차 이해관계자들을 우선 착석시키고, 피해자를 다음으로, 가해자를 맨 마지막에 착석시킨다.

소 개	
주요내용	샘플 문구
환영	**모두에게:** 모두 환영합니다. 공식적인 대화모임을 진행하기에 앞서, 핸드폰을 진동으로 바꿔주십시오. 대화모임은 약2시간 정도 진행될 예정입니다. 각자 소개와 참가 이유를 말씀해 주시면 감사하겠습니다. 우선 저는 [공동조정자 이름]이고, 오늘 대회모임을 공동으로 진행하게 됩니다. 제 오른쪽으로 돌아가면서 성함과 참가이유를 말씀해 주십시오.
소개 라운드 –성명/역할	참석해 주셔서 감사드립니다. 오늘 대화모임에서는 [날짜]에 발생된 [사건]을 중심으로, [가해자의 성명]가 어떤 일을 했고, 그로 인해 다른 사람들이 어떤 영향을 받았는지에 대해 이야기를 나누게 됩니다. 무슨 일이 일어났는지 자세하게 알게 되면, 어떤 피해가 있었고 어떻게 회복될 수 있는지 확인하게 됩니다. 아울러, 우리가 이런 행동이 반복되지 않음을 확신할 수 있도록 어떤 일이 이루어져야 하는지 이야기 합니다.

학생처장의 합의승인	이 대화모임은 자발적인 것입니다. 오늘 합의에 도달하지 않아도 됩니다. 합의에 도달하게 못하면, 사건은 학생처장보에게 다시 돌아가게 되고, 다르게 처리됩니다. 모두가 합의를 이룰 수 있기를 기대하며, 만약에 합의가 이루어지면 그 합의는 학생처장에게 제출하여 승인을 받게 됩니다. 드물기는 하지만 간혹 학생처장이 합의내용을 변경하는 경우도 있습니다. 모두 이해되셨죠?
기본 수칙	이 대화모임의 목적은 모든 사람이 사건에 대해서 어떻게 느끼는지 자유롭고 완전하게 이야기 할 수 있는 환경을 조성하는 것입니다. 조정자로서, 제 임무는 모든 사람들이 목소리를 낼 수 있도록 담보하는 것입니다. 간혹, 원하는 사람 누구든지 이야기할 수 있는 공개대화가 있을 수 있지만, 그 밖에는 서클을 돌아가며 각자 자기 의견을 말할 수 있도록 합니다. 할말이 없는 분은 기회를 넘기셔도 됩니다. 저의 또 한가지 임무는 우리가 사건에 관해서 진실되게 이야기 할 수 있도록 신뢰하는 분위기를 조성하는 것입니다. 그러기 위해서, 여기서 나눈 이야기의 비밀을 유지해 주셔야 합니다. 모두 여기서 나눈 이야기를 다른 사람들에게 말하지 않기로 동의하십니까?
가해자의 배경	**가해자에게:** 우선 [가해자 이름]에 대해 조금 더 알면 좋겠습니다. 이번 학기에 어떤 과목을 수강하나요? 전공은 무엇인가요? 클럽이나 기타 활동 등 학교 생활은 어떤가요? 오늘 대화가 어떻게 되기를 바라세요?

피해확인	
주요내용	샘플 문구
피해확인 소개	공동조정자는 발언을 받아적는다. 모든 사람이 이야기를 마치고 나면, 노트를 요약해서, 피해를 플립차트에 열거한다. 그 다음, 그룹에게 확인을 요청한다. 아래의 모든 질문은 예시로서 조정자가 적절하게 바꿀 수 있다.
	모두에게:
	이제 각자 자기의 입장에서 무슨 일이 있었는지 이야기해 봄으로써 사건을 좀 더 자세히 알아보고자 합니다. 우선 가해자부터 시작해서, 피해자의 이야기를 들어보고, 지지자 여러분의 이야기를 듣겠습니다.
	이 일이 [가해자] 로부터 비롯된 것이니, [가해자] 의 이야기를 먼저 듣겠습니다.
가해자	가해자에게:
	무슨 일이 일어 났습니까?
	그 당시에는 어떤 생각이었나요?
	그 후에는 어떤 생각을 했나요?
	이번 일로 어떤 영향을 받았나요?
	당신의 행동으로 누가 어떻게 영향을 받았다고 생각하나요?
	물어보고 싶은 것이나 다른 하고 싶은 말이 있습니까?
	가해자가 여러 명인 경우, 질문을 반복한다.
피해자	피해자에게:
	피해자 입장에서 무슨 일이 일어났습니까?
	이 사건이 어떤 영향을 미쳤나요?
	가장 힘든 일이 무엇이었습니까?
	물어보고 싶은 것이나 다른 하고 싶은 말이 있습니까?

지지자	지지자에게: 오늘 참석하신 이유를 말씀해주세요. 이 사건과 관련해서 가장 어려운 점이 무엇입니까? 어떤 피해를 바로잡아야 한다고 보십니까? 물어보고 싶은 것이나 다른 하고 싶은 말이 있습니까?
가해자	가해자에게: 이제 사건이 다른 사람들에게 어떤 영향을 미쳤는지 알게 되었는데, 다른 하고 싶은 말이 있습니까?
피해 요약 정확성 확인	이 시점에 피해를 받아 적은 조정자가 피해내용을 검토하고 해결방안을 찾는 브레인스토밍을 주도하도록 역할을 전환할 수 있다. 모두에게: 이제 피해 목록을 요약해 보도록 하겠습니다.
플립차트에 피해 열거	피해자부터 시작해서 피해를 정확하게 확인 및 기재했는지 확인한다. 플립차트를 이용할 때에는 명확하고, 간단하며 구체적인 용어를 사용하여야 한다. 대충 얼버무리는 말을 쓰면 안된다. 예를 들어 "창문"이 아니라 "깨진 창문"이라고 쓰고, "안전한 대학"가 아니라 "밤에 밖을 거닐기에 무서움"이라고 써야 한다. 바꾸고 싶은 내용이나 추가하실 내용이 있으신가요?

합의 과정

주요내용	샘플 문구
피해 목록	플립차트를 넘겨서 "해결방안"이라고 쓴다.
잘못을 바로잡을 방법 모색	모두에게: 우리 모두 이번 사건으로 초래된 피해를 이야기 했습니다. 이제 잘못을 바로잡기 위해서 무엇을 할 수 있는지 찾아보도록 하겠습니다. 다음과 같은 두 가지 질문을 생각해 보시면 좋겠습니다:

1. 어떻게 하면 피해가 회복될 수 있는가?
2. 어떻게 하면 우리가 [가해자]에 대해서 신뢰를 되찾을 수 있고, [가해자]가 우리 공동체의 책임있는 구성원이 된다고 믿을 수 있는가?

판단을 위한 것이 아님	우리의 초점은 해결방안을 찾는 것임을 주의해 주십시오. 우리가 여기에 온 이유는 [가해자]가 선한 사람인지 악한 사람인지 판단하는 것이 아니라, 어떻게 피해를 회복하고 다시 신뢰를 형성할 수 있을지 알아보는 것입니다.

해결방안을 찾아보시겠습니까?

진행 동의 확인	진행하지 말자고 하면 대화모임을 종료하고, 사건이 학생처장에게 돌려보낸다. 참가자들에게 피해를 상세히 설명해 준데 대해 감사를 표시하고, 해산한다. 진행하자고 하면, 대화모임이 이제 중반에 접어들었다고 말한다.
필요 시 휴식	참가자들에게 휴식이 필요한지 물어본다. 휴식을 취하는 경우, 참가자들이 이야기를 나누는 것은 괜찮지만, 목소리 톤에 주의하고, 휴식은 짧게 한다. 간식을 제공한다

브레인 스토밍 소개	모두에게: 이번 단계는 아이디어를 내는 단계입니다. 모든 제안을 플립차트에 적고, 나중에 바꿀 것은 바꾸고, 모든 사람들이 만족할 수 있는 합의를 확정할 수 있습니다. 브레인스토밍 과정에서 나오는 모든 아이디어는 우선 플립차트에 적고, 나중에 수정하여 합의할 수 있습니다. 앞의 절차와 달리 브레인스토밍은 개방적인 분위기에서 협력적으로 토론하셔도 됩니다.
피해를 어떻게 회복할 수 있을지 질문. 어떻게 신뢰를 회복할 수 있을 지 질문.	가해자에게: 이 피해목록을 보면, 피해를 회복하기 위해 무슨 일이 이루어져야 할 것으로 생각되십니까? 우리 공동체의 긍정적인 구성원이 될 수 있음은 어떻게 증명할 수 있겠습니까?
피해자에게 피해를 회복하고 신뢰를 되찾기 위한 아이디어 질문	피해자 및 지지자에게 순차적으로: 이 피해목록을 보면, 피해를 회복하기 위해 무슨 일이 이루어져야 할 것으로 생각되십니까? [가해자]에 대한 신뢰를 회복하려면 [가해자]로부터 어떤 것을 보아야 한다고 생각하십니까?
전체적 합의 점검	모두에게: 지금 까지 나온 아이디어에 대해 어떻게 생각하십니까? 우리의 우려를 가장 잘 해소할 수 있고, 공정하며 합리적인 계획인지 다시 한번 생각해 봅시다. 이것을 공동체에서 소통하는 방법은 어떤 것이 있을까요?
가해자에게 다시 질문	가해자에게: 이런 제안에 동의하십니까? 다른 우려사항이 있습니까?

행정적 검토	모두에게: 이제 합의가 이루어졌으니, 이 합의를 학생처에 제출해서 승인을 받도록 하겠습니다.
합의 불이행시 결과 설명	모두에게: 학생처장이 이 합의를 승인하면, [가해자]는 기한 내에 다양한 임무를 완수해야 합니다. 그 임무를 완수하지 못하면 [다음 학기에 등록할 수 없는 것 등] 결과를 설명한다.
이의 제기	가해자에게: 이 자리를 마친 후, 이 절차가 부당하다고 생각되면, 합의 내용에 대해 학생처에 이의를 제기할 수 있습니다.
평가 양식	모두에게: 저희가 합의서를 작성하는 동안, 평가서를 작성해 주십시오. 이 절차가 얼마나 효과적인지, 어떻게 개선할 수 있는지 확인하는데 큰 도움이 됩니다. 양식을 수거하고, 합의서에 서명한 후 사본을 나누어준다.

종료	
주요내용	샘플 문구
	수고에 감사를 표하며 긍정적인 말로 맺도록 한다.
감사	모두에게: 오늘 수고에 감사드립니다.
마지막 라운드: 진행에 대해서 어떻게 느꼈는지?	모두에게: 이 대화모임을 마치면서, 돌아가면서 이번 대화모임의 진행에 대해서 어떤 느낌이었는지 말씀해 주시면 감사하겠습니다. 저는….

13. 맺으며

**"잘한 행동과 잘못한 행동이라는 생각 너머에 들판이 있다.
그곳에서 만나자."**

Jalal al−Din Rumi [31]

　스키드모어에서 강의를 시작하던 해, 나의 형사사법수업을 듣는
한 여학생이 주거침입절도를 당했다. 집에서 혼자 잠이 들었고, 룸
메이트 세 명은 외출해 있었다. 가해자를 보지도 못했고 어떤 소리
를 듣지도 못했지만, 몇 가지 물건이 없어졌다. 얼마 후, 4명의 여학
생들이 거실에 앉아 있다가 창문 너머에서 자기들을 지켜보는 남자
를 발견하고 기겁한 적이 있다고 한다.

　물론 경찰과 부모에게 알렸지만, 학생들은 너무 놀랐고, 그 후로
는 잠자리를 다른 곳으로 옮겼다. 어떤 때는 한 사람만 집에서 자
는 경우도 있었다. 그들의 자기방어노력은 제대로 이루어지지 않
고, 집주인은 고장난 현관문 자물쇠를 고쳐주지 않았다.

---

31) Rumi, Jalal al−Din. *The Essential Rumi,* Coleman Barks, translator (New York: Harper-
One, 2004)

그들이 학생처장을 만났지만 학생처장은 그들이 기숙사가 아닌 대학 바깥에 살고 있기 때문에 학교가 해 줄 수 있는 일이 상담센터를 소개하는 것 말고는 없다고 했다. 성인으로서 기숙사가 아닌 학교 바깥에서 살기로 선택했으니, 자기를 보호하기 위한 조치를 취하고 집주인과 협상하는 것도 알아서 해야 한다는 것이었다.

이 대목에서, 여학생들은 모두 이사를 원했고, 임차계약서를 다시 쓰기를 원했다. 학생처장은 아직까지 잡히지 않은 가해자가 우리 학교 학생일 가능성은 없으니, 이 사건은 경찰이 알아서 할 문제라고 했다.

이 문제를 수업시간에 토론했는데, 모두 처장의 말이 사실이기는 하지만 도움은 안 된다고 했다. 처장의 태도는 학생의 요구를 충족시켜주지 않는 것이기 때문이다. 나는 학생들에게 정의가 무엇을 요구하는지 물었고, 학생들의 첫 번째 대답은 가해자를 찾는 것이었다. 경찰이 이 집을 순찰구역에 포함시키고, 가해자를 잡는 노력을 배가시켜야 하는지도 모르겠다. 그리고 그 가해자를 감옥에 쳐넣어야 할지도. 그러나 가해자가 없으니 정의를 실현할 방법을 찾을 수 없었다.

우리 수업에서 회복적 정의에 관한 책을 읽고 있던 시기여서, 나는 형사사법시스템이 대단히 가해자 중심적이라는 점을 지적하였다. 우리의 모든 에너지를 가해자를 찾고 처벌하는데 "가해자를 추적하고, 체포하고, 수감하라" 쏟는다는 것이다.

회복적 정의는 가해자와 피해자에 대한 관심의 균형을 잡는다는 점에서 다르다. 그것은 피해중심적 접근방식이라는 점에서 다르다. 가장 먼저 묻는 질문이 다르다. "누가 그랬고, 그 사람을 어떻게 해야 하는가?"가 아니라 "피해가 무엇이고 어떻게 회복될 수 있는가?"를 묻는 것이 회복적 정의다.

질문의 틀을 이렇게 바꾸면서, 나는 학생들에게 다시 물었다. 우리 친구의 곤경에 대한 정당한 대응은 무엇인가? 이번에는 그 당시 그녀의 요구에 초점을 맞추었다. 그녀는 불안했고, 원하지 않는 주택 임차 상황에 갇혀있다고 느꼈다.

브레인스토밍 후, 학생들은 돕고 싶다는데 뜻을 같이 했다. 집주인과 계속 협상해서 임대차 계약을 해지하라고 했고, 학생 중 한 명은 자물쇠를 바꾸는 방법과 비용을 누가 지불해야 하는지를 안다고 하면서 당장 바꿔주겠다고 했다.

학생들은 네 명의 룸메이트가 혼자 남겨지지 않도록 해야 한다면서, 다른 사람들과 공유하는 일정표를 만들어서 일정을 공유하는 것이 좋겠다고 했다. 또한, 그녀가 혼자 남겨지지 않도록 친구들이 돌아가면서 전화하고, 만약 혼자 남게 되면 한 명이 찾아가서 같이 있어주기로 약속했다.

이 학생들은 친구이자 범죄피해자를 위해 창의적이고 의미있는

해결방안을 찾아 냈다. 이 일은 가해자에서 피해자로, 처벌에서 공동체 구축으로 관심의 초점을 돌리는 학습기회가 되기도 했다. 잘잘못에 대한 생각 너머에 있는 들판에서 그들은 창의적인 문제해결과정을 요구하고, 적극적 참여를 유도하며, 관대함과 선의를 적용하는 방법을 알려주고, 어려운 친구에게 현실적인 도움을 줄 수 있도록 해주는 새로운 정의를 발견하였다.

회복적 정의는 피해자든 가해자든 모든 학생들에게 전환적인 학습기회가 되는 징계절차를 제공한다. 학생 가해자의 경우, 회복적 정의는 성장과 발전의 기회를 제공한다. STARR 프로젝트 63쪽 참조가 입증하는 것처럼, 가해자들은 이 절차를 통해 공정한 대우를 받았고, 결과에 의견이 반영되었으며, 피해를 입은 사람들과 용감하게 이야기를 나누었고, 잘못을 바로잡기 위해 능동적인 책임을 지며, 캠퍼스로 돌아와서 대학생활을 잘 해나갈 것이다. .

참고자료

Website: www.CampusRJ.com

A website that provides general resources for campus
restorative justice, including links to publications and cam▯pus programs.

David Karp's publications focusing on campus restorative justice

Karp, David R. and Thom Aliena, eds. *Restorative Justice on the College
Campus: Promoting Student Growth and Responsibility, and Re-
awakening the Spirit of Campus Community* (Springfield, IL: Charles
C Thomas, 20041.

Karp, David R. "Campus Justice is Behind the Times," in *Inside Higher
Ed* October 28, 2005.

Karp, David R. and Suzanne Conrad. "Restorative Justice and College
Student Misconduct," in *Public Organization Review* 5 (2005):315 –
333.

Karp, David R. "Not with a Bang but a Whimper: A Missed Opportunity
for Restorative Justice in a Plagiarism Case," in J*ournal of Student
Conduct Administration* 2(1) (2009):26 – 30.

Karp, David R. "Reading the Scripts: The restorative Justice Conference
and the Student Conduct hearing Board," in *Reframing Campus Con-*

flict: Student Conduct Process through a Social Justice Lens. Edited by Jennifer Meyer Schrage and Nancy Geist Giacomini (Sterling, VA: Stylus, 2009).

Karp, David R. "Spirit Horse and the Principles of Restorative Justice," in *Student Affairs eNews* December 20, 2011.

Karp, David R. and Casey Sacks. "Research Findings on Restorative Justice and Alcohol Violations," in *NASPA Alcohol and Other Drug Knowledge Community Newsletter* Fall 2012.

Karp, David R. and Casey Sacks. "Student Conduct, Restorative Justice, and Student Development: Findings from the STARR Project (Student Accountability and Restorative Research Project)," in *Contemporary Justice Review Forthcoming* 2013.

Restorative justice books in the Little Books of Justice and Peace-building series

Lederach, John Paul. *The Little Book of Conflict Transformation* (Intercourse, PA: Good Books, 2003). 『갈등전환』(대장간)

MacRae, Allan and Howard Zehr. *The Little Book of Family Group Conferences, New Zealand Style* (Intercourse, PA: Good Books, 2004). 『가족집단컨퍼런스』(대장간)

Pranis, Kay. *The Little Book of Circle Processes* (Intercourse, PA: Good Books, 2005). 『서클 프로세스』(대장간)

Stutzman Amstutz, Lorraine. *The Little Book of Victim Offender Conferencing* (Intercourse, PA: Good Books, 2009). 『피해자 가해자 대화

모임』(대장간)

Stutzman Amstutz, Lorraine and Judy H. Mullet. *The Little Book of Restorative Discipline for Schools* (Intercourse, PA: Good Books, 2005). 『회복적 학생생활 교육』(대장간)

Toews, Barbara. T*he Little Book of Restorative Justice for People inPrison* (Intercourse, PA: Good Books, 2006). 『수감자를 위한 회복적 정의』(대장간)

Zehr, Howard. *The Little Book of Restorative Justice* (Intercourse, PA: Good Books, 2002). 『회복적 정의 실현을 위한 사법의 이념과 실천』(대장간)

Other important restorative justice books

Boyes−Watson, Carolyn. *Peacemaking Circles and Urban Youth* (St. Paul, MN: Living Justice Press, 2008).

Braithwaite, John. *Restorative Justice and Responsive Regulation* (New York: Oxford University Press, 2002).

Liebmann, Marian. *Restorative Justice: How it Works* (London and Philadelphia: Jessica Kingsley Publishers, 2007).

Pranis, Kay, Barry Stuart, and Mark Wedge. *Peacemaking Circles* (St. Paul, MN: Living Justice Press, 2003). 『평화형성서클』(대장간)

Ross, Rupert. *Returning to the Teachings: Exploring Aboriginal Justice* (New York: Penguin, 1996).

Schrage, Jennifer Meyer and Nancy Geist Giacomini, eds. *Reframing Campus Conflict: Student Conduct Process through a Social Justice*

Lens (Sterling, VA: Stylus, 2009).

Umbreit, Mark and Marilyn Peterson Armour. *Restorative Justice Dialogues: A Research−Based Approach to Working with Victims, Offenders, Families, and Communities* (New York: Springer, 2010).

Wallis, Pete and Barbara Tudor. *The Pocket Guide to Restorative Justice* (London and Philadelphia: Jessica Kingsley Publishers, 2008).

Zehr, Howard. *Changing Lenses:Restorative Justice for Our Times* [Scottdale, PA: Herald Press, 1990, 2015). 『우리 시대의 회복적 정의』(대장간)